Cómo vivir sin miedo

Gueshe Lobsang Dawa

Cómo vivir sin miedo

U R A N O
Argentina – Chile – Colombia – España
Estados Unidos – México – Perú – Uruguay

1.ª edición México: diciembre 2022

ISBN: 978-607-748-594-0

Fotocomposición: Ediciones Urano, S.A.U.
Impreso por: Impresora Tauro, S.A. de C.V.
Año de Juárez 343, Col. Granjas de San Antonio, Iztapalapa, C.P. 09070, CDMX

Impreso en México — *Printed in Mexico*

AGRADECIMIENTOS

A todos mis Maestros, quienes son mi guía e inspiración y la causa de poseer el conocimiento necesario para escribir este libro. A mis padres Lauro y Dulce, por todo su amor y apoyo incondicional. A Ivonne, mi amada esposa, mi compañera en este maravilloso viaje de vida, por ayudarme a crecer, por estar a mi lado en todo momento y por su invaluable colaboración en este libro. A mi ahora madre Irma, por aceptarme amorosamente como a uno de sus hijos y por leer este material antes de su publicación. A mi hermano Shan, por todo su cariño y por ayudarme a ver otras realidades desde una edad temprana. A mis ahora hermanos Liz y Luit, por su amor y disposición ilimitados y por revisar este texto. A mi tío Jesús, por haberme ayudado desde pequeño a entrar en contacto con la naturaleza, la filosofía y la ciencia. A Alejandro Andrade y Mine Cortés, por revisar el material de este libro. A Gabriela Cortez, por sus correcciones a los fragmentos relacionados con la respuesta de «lucha o huida» y explicaciones dentro del capítulo «Depresión y ansiedad». A Mariana Pérez Villoro, por su cuidadosa corrección ortotipográfica y de estilo, gracias a la cual pude expresar correctamente lo que deseaba transmitir. A Larisa Curiel y a todo el equipo de Ediciones Urano por creer en este proyecto. A todos los seres ya que estamos interconectados.

Que este material sea causa de que ningún ser viva afligido por el temor.

ÍNDICE

Tercera parte:
Los antídotos

INTRODUCCIÓN

El miedo es una emoción que nos afecta prácticamente a todos hoy en día: miedo a contraer una enfermedad, a quedarnos solos, a perder el trabajo, a ser engañados, a que nos roben, a morir... Son innumerables los miedos que nos perturban y nos quitan la capacidad de vivir una vida plena. Pero ¿cuál es el origen de estos miedos?, y más importante aún, ¿podemos vivir sin ellos?

Este libro busca explorar y analizar los diferentes miedos que, en lugar de advertirnos sobre posibles daños —como deberían hacerlo— impiden que seamos felices y que disfrutemos de la vida.

Es un hecho que todos los seres buscamos el bienestar y tratamos de evitar la adversidad. Si uno acerca un poco de azúcar a una hormiga, esta se aproximará, mientras que, si derramamos cerca de ella algún químico, huirá; es tan simple como esto. Pienso que, de una u otra manera, desde que nos levantamos hasta que nos dormimos, todo lo que hacemos —consciente o inconscientemente— es en búsqueda del bienestar y con la intención de alejar lo desagradable de nuestras vidas. Sin embargo, aunque lo que más deseamos los seres humanos desde lo más profundo de nuestro ser es ser felices (lo que involucra no solo desear tener bienestar externo sino aspirar también a una vida de bienestar interno), en muchas ocasiones pareciera que conforme pasa el tiempo la felicidad se aleja cada vez más de nosotros, de tal forma que podamos incluso terminar concluyendo que no existe o bien, que necesitamos más dinero, más poder o más placer para retener la felicidad que se nos escapa de las manos; o tal vez pensemos que necesitamos cambiar de lugar, trabajo o pareja porque estos ya no nos hacen felices. Nuestra vida se convierte así en una búsqueda compulsiva de la felicidad de manera similar al hecho de tomar agua salada con la intención de aliviar la sed.

El gran Maestro budista de la India, Shantideva, escribió al respecto en su famoso tratado de entrenamiento mental *Involucrándose en la conducta del Bodhisattva*:

«Aunque desean librarse del sufrimiento,
corren hacia el sufrimiento mismo.
Aunque desean felicidad, por ignorancia,
la destruyen como si de un enemigo se tratara.»

No creo que encontrar la felicidad sea algo particularmente difícil, pero si de entrada, tenemos no solo desconocimiento sino, peor aún, una malinterpretación de lo que es y de cómo se obtiene, resulta lógico pensar que entre más la busquemos más se alejará de nosotros. Pero no es que la felicidad se esté alejando, más bien somos nosotros quienes estamos yendo en la dirección opuesta.

Es como si tuviéramos una cita en un lugar al norte, pero nosotros lo confundimos con uno que está en otra dirección que se encuentra al sur. Evidentemente, entre más nos esforcemos por llegar al lugar de nuestra cita, más nos alejaremos y no porque sea realmente difícil arribar sino porque habremos tomado la dirección contraria.

Al igual que el bienestar exterior (una casa o alimento) se obtiene con base en ciertas causas y condiciones, la felicidad o bienestar interior también lo hace, de ahí que puedes acercarte o alejarte más de ella dependiendo de lo que estés cultivando y de cómo estés viviendo.

Disfrutar de los placeres de los sentidos puede ser una experiencia definitivamente agradable, no hay por qué negar eso, pero vale la pena preguntarse si el placer y la felicidad son lo mismo o si el placer puede realmente ser causa de felicidad. Si ese fuera el caso, entre más helado de chocolate comiéramos más felices habríamos de ser, ya que al aumentar las causas de algo su resultado debería de acrecentarse, como cuando arrojas más leños al fuego. El helado de chocolate, sin duda, se puede disfrutar, pero jamás será la causa de una auténtica y profunda satisfacción.

La razón por la que hoy en día hay centros comerciales por todas partes es que los seres humanos confundimos la felicidad con el placer. Y, aunque ya he dicho que el placer no tiene nada de malo, puede ser muy frustrante poner nuestras expectativas de felicidad en algo que no tiene la capacidad de darnos lo que, en un nivel más profundo, buscamos. El helado de chocolate, una camisa o bolsa nueva, un perfume o la música pueden darnos cierta experiencia de placer temporal, pueden hacer que se nos quite la sed o el calor o que momentáneamente nos distraigamos de nuestros problemas o nos sintamos un poco mejor, pero esto será de manera muy superficial, ya que no lograrán generar una transformación auténtica en nuestra mente que nos permita terminar con la depresión o causar que nuestras ansiedades y miedos desaparezcan. Es como tomar un medicamento que neutraliza los síntomas, pero que no nos cura realmente la enfermedad.

¿Estar contento y ser feliz es lo mismo? No se puede estar contento las veinticuatro horas del día, y no estoy seguro de que se trate de eso. Tampoco es que la felicidad sea la ausencia de todo problema o situación desfavorable. Para mí, la felicidad es más bien una experiencia de paz que se puede experimentar independientemente de los problemas externos o, incluso, debido a ellos. Cuando se obtiene se disfruta más de los placeres y se está más alegre. Una buena metáfora es la del océano, en el cual, aunque puede haber muchas olas y movimiento en la superficie, hay algo en la profundidad que no se perturba, que se mantiene en calma y en silencio. De la misma manera, no es que para encontrar la felicidad todo tenga que ser perfecto; más bien, habremos de aprender a reaccionar ante lo que nos sucede de una manera más positiva a la que habitualmente lo hacemos.

Los elementos externos son capaces de causar placer, pero no son una auténtica experiencia de felicidad. ¿Cuáles son aquellos factores causantes de la verdadera felicidad, de la paz interior? Valores como la compasión, la generosidad, la disciplina ética y la paciencia, entre otros, tienen la capacidad de hacernos experimentar la realidad de una manera distinta. De esta forma, los problemas externos no solo no nos afectan negativamente, sino que nutren estas virtudes y nos ayudan a crecer y a experimentar paz en nuestra mente. Así, la felicidad y el sufrimiento no son experiencias que surgen involuntariamente cuando algo bueno o malo nos pasa, sino que, dependen de cómo reaccionamos a lo que nos sucede. Desde esta perspectiva, la felicidad y el sufrimiento están en nuestras manos pues, aunque no podemos controlar lo que nos ocurre en la vida, sí podemos elegir cómo responder a ello.

Aunque es cierto que hay dificultades muy complejas, también hay grados muy avanzados de entrenamiento. El miedo, en muchas ocasiones, no depende de lo que sucede allá fuera sino de cómo nuestra mente percibe la realidad y a nosotros mismos. Por ejemplo, alguien demasiado enfocado en el prestigio tendrá temor de no encontrar o perder cierto estatus; su miedo no viene de la realidad externa sino de su forma de proyectar sus expectativas y anhelos de bienestar.

PRIMERA PARTE

LAS AFLICCIONES MENTALES

LAS AFLICCIONES MENTALES

La psicología budista tiene más de dos mil quinientos años investigando y explicando el funcionamiento de la mente, las diferentes consciencias principales que se encargan de percibir colores, figuras, sonidos y demás elementos externos, los factores mentales como la sensación y el discernimiento que dan sentido a esas experiencias y muchas otras mentes como la atención, la introspección, el arrepentimiento, la fe, la disciplina ética, la sabiduría y la concentración. El estudio de los *kleshas,* término sánscrito que aparece en los tratados clásicos del budismo y traducido aquí como «aflicciones mentales», es parte fundamental del estudio de la mente en la tradición budista. Podríamos decir que toda la enseñanza de Buda se centra en apaciguar y, eventualmente, erradicar las aflicciones mentales para, así, liberarnos del sufrimiento y ayudar a otros a que también lo logren.

Asanga, un Maestro budista del siglo IV, escribió en su *Compendio de conocimiento*: «Se define a una aflicción mental como el fenómeno que, cuando aparece, perturba la mente».

Entonces, una aflicción mental se refiere a una emoción, pensamiento, impulso o cualquier otro tipo de mente que, cuando surge en cualquiera de sus facetas o intensidades, altera la mente. Sin embargo, es importante aclarar que hay emociones que, aunque no son agradables, no son perturbadoras según la definición de la psicología budista. Tal es el caso de la alteración que puede acompañar al altruismo cuando tratas de rescatar a alguien de un peligro o la tristeza temporal que surge de una profunda empatía hacia el dolor de otro. Estas emociones no son agradables, pero, debido a que se desarrollan alrededor de una mente sana, no se les denomina «aflicciones mentales».

El budismo divide las aflicciones mentales en lo que se conoce como «Los tres venenos», que son:

- El apego
- La aversión
- La ignorancia

Hay ramificaciones o subdivisiones que surgen de estos tres, por lo que se cuentan seis aflicciones mentales raíz y veinte aflicciones mentales próximas o secundarias, sin mencionar otras divisiones.

Las seis aflicciones mentales raíz son:

- El apego
- El enojo
- El orgullo
- La ignorancia aflictiva
- La duda aflictiva
- La visión aflictiva

Un caso de duda aflictiva es el dudar sin ningún sentido o análisis serio. El meramente dudar sin una dirección nos impide reflexionar correctamente y abrirnos a otras perspectivas; como dudar de que la meditación pueda tener algún beneficio, pero sin hacer ninguna investigación acerca del tema. Un ejemplo de visión aflictiva sería el pensar que hacer sacrificios rituales con animales nos puede traer bienestar.

Las veinte aflicciones mentales secundarias son:

- La cólera,
- El resentimiento
- El ocultar las faltas
- El despecho
- La envidia
- La avaricia
- El engaño
- La deshonestidad
- La arrogancia
- La intención de dañar
- La falta de vergüenza
- La falta de consideración
- El hundimiento mental
- La agitación mental
- La falta de fe
- La pereza
- La falta de atención
- El olvido
- La falta de introspección
- La distracción

Debido a que el objeto de este libro es investigar el miedo y no el dar una exposición detallada de todas las aflicciones mentales, no explicaré el significado ni los antídotos para cada una de estas, pero cabe recordar que deben de ser entendidas como factores mentales que necesariamente perturban la mente cuando surgen y traen siempre un resultado negativo a nuestra experiencia. En el caso del olvido, este se refiere al factor mental que, teniendo en la mira un objeto virtuoso, lo olvida para involucrarse en uno no virtuoso. Así, claramente podemos comprender que olvidar, por ejemplo, que teníamos una cita con el dentista no tiene nada que ver con lo que entendemos aquí por olvido. De modo similar, hay que entender las demás aflicciones mentales.

Es importante comprender cómo estas mentes aflictivas destruyen nuestra paz interior y son la causa de todo nuestro sufrimiento. Un estado mental como el odio no tiene ninguna cualidad positiva, no puede dejarnos nada bueno, ni tampoco las acciones físicas o verbales que este impulsa. Es por ello que, el entendimiento de los *kleshas* y las prácticas que nos llevan a subyugarlas y a eliminarlas de nuestra mente, son fundamentales.

¿ES EL MIEDO UNA AFLICCIÓN MENTAL?

En general, en occidente, el miedo es percibido como una de las principales aflicciones mentales, si no es que como la mayor. Mucha gente lo ve como la emoción más perturbadora; en algunos casos, incluso como la fuente de todas las emociones negativas y actos destructivos. Pero, aunque es verdad que muchas negatividades están conectadas al miedo, como mentir, robar e incluso llegar a matar, ¿es en realidad el miedo la causa fundamental de las aflicciones mentales y acciones negativas? ¿O hay un origen más profundo? El miedo a perder algo, ¿causa apego? O es más bien al revés, ¿es el apego lo que causa el miedo a perder algo? Unas líneas antes expuse la lista de las aflicciones mentales como es presentada en la psicología budista; como pudiste haber notado, el miedo no está catalogado dentro de ninguna de las divisiones que mostré y tampoco se enumera en ninguna otra lista de las aflicciones mentales. Es aquí muy importante resaltar que, para el budismo, el miedo no es una aflicción mental. A primera vista, esto puede parecer muy extraño ya que, como mencioné, normalmente vemos al miedo como una gran aflicción mental. Y, aunque es cierto que muchos tipos de miedo sí terminan siendo aflictivos, el miedo en general no lo es. Como en el caso de la ignorancia, la duda y la visión, el miedo posee instancias aflictivas, pero en sí mismo no es una aflicción mental.

Entonces, ¿cuáles miedos son aflictivos y cuáles no lo son?

SEGUNDA PARTE:

EL MIEDO

MIEDOS NO AFLICTIVOS

Si en este momento te dieran la oportunidad de no volver a experimentar ningún dolor físico por el resto de tu vida, ¿la aceptarías? Reflexiónalo por un momento antes de continuar leyendo.

Este es un ejercicio que hago a menudo; normalmente les pido a las personas que alcen la mano si quieren tomar la oferta. Muchos lo hacen; otros, no, tal vez porque son introvertidos o quieren esperar a ver cuál es el punto de mi pregunta, pero varios parecen estar muy seguros de que sería algo maravilloso. «Ya jamás me dolería nada», dicen algunos. Una vez que la gente claramente expresa lo bueno que sería el no tener dolencias físicas, les doy algunos ejemplos de lo que esto implicaría: serían capaces de estar recargados sobre una parrilla caliente y no notarlo ¡hasta que comience a oler a quemado! O, peor aún, podrían tener una lesión interna y continuar como si nada sucediera. Jamás iríamos al médico o lo haríamos cuando ya fuese demasiado tarde, todo esto porque, al aceptar la propuesta, nos habríamos deshecho del mecanismo que nos alerta cuando algo está mal en nuestro cuerpo.

Las sensaciones de dolor físico son alarmas que nos indican que tenemos que actuar para evitar un daño. El grado de la intensidad del dolor está relacionado con la urgencia de la situación. Si el estómago nos duele un poco, tendremos que comer más ligero ese día; si nos duele mucho, visitar al médico; y si el dolor es insoportable, ir de urgencia al hospital. El dolor físico no es agradable, pero nos protege y puede incluso salvarnos la vida. Desde el punto de vista de la supervivencia, el miedo cumple una función similar. ¿Qué salvó a nuestros antepasados de ser devorados por un depredador? ¿Qué los hizo salir corriendo de su cueva durante un temblor? Fue el miedo. Sin este instinto ya nos habríamos extinguido hace mucho tiempo.

Hoy en día, ciertos tipos de miedo continúan protegiéndonos. Es el miedo el que hace que tengamos cuidado con las cosas que pueden dañarnos. Si vas a atravesar una avenida y ves que viene un auto a toda velocidad, tener miedo de ser arrollado por él es algo bastante congruente; nadie diría que, en este caso, tener miedo es algo indeseable. Así pues, el miedo puede ser un gran aliado, un custodio que nos avisa cuando estamos en riesgo.

En el contexto de la práctica espiritual el miedo también puede ser de gran ayuda. A esto en el budismo se le denomina «miedo saludable». De hecho, en esta tradición lo que lo hace a uno budista es tomar refugio en lo que se conoce como las Tres Joyas: el Buda, el Dharma y la Sangha. Estas pueden ser explicadas en varios niveles, pero de manera general podemos decir que el Buda se refiere al Maestro, el Dharma a las enseñanzas sagradas y la Sangha a aquellos que han comprendido la realidad directamente y pueden, por tanto, apoyarnos en nuestro camino al despertar. Se les llaman «joyas» porque, así como una joya es muy preciada y difícil de encontrar, también las cualidades del Buda, el Dharma y la Sangha lo son.

En los textos clásicos se explica que el tomar refugio en las Tres Joyas tiene dos causas principales: una es la confianza y la otra es, precisamente, el miedo. Así mismo, se mencionan diferentes niveles de refugio dependiendo de las aspiraciones, capacidades y disposiciones mentales de los individuos. Vamos a tomar, por ahora, solamente el primer nivel de refugio para ilustrar esto. Este se basa en el miedo a renacer en estados desafortunados y la confianza en que las Tres Joyas nos pueden ayudar a evitarlo. Esta ayuda no es una fuerza superior que nos libra de dichos renacimientos; más bien, el proceso es similar a curarse de una enfermedad pues, al llevar a cabo un tratamiento (Dharma) prescrito por un hábil médico (Buda) con la ayuda de los profesionales de enfermería (Sangha), uno puede eliminar el padecimiento (el sufrimiento de los renacimientos desafortunados). Por lo tanto, un practicante budista debería tomar refugio e intentar cambiar su conducta cuando el miedo le muestre que, debido a sus acciones negativas, podría tener un renacimiento de este tipo.

Es semejante al caso de un practicante católico que, por miedo a ir al infierno, tendría que entregarse a Dios y decidir abandonar las acciones que dañan a otros, adentrándose en el cultivo de virtudes como la generosidad y la disciplina ética. Lo mismo aplica para miembros de otras comunidades espirituales como musulmanes, judíos o hinduistas. Incluso desde la perspectiva laica, a una persona que no tiene una creencia religiosa, el puro miedo de ser condenada por la ley y/o la sociedad le puede ayudar a que regule sus emociones y acciones. Es muy importante entender que este es un miedo que debe de utilizarse hábilmente para impulsarnos a practicar la virtud, para no desperdiciar el tiempo y para esforzarnos a ser mejores seres humanos. Gracias a este cambio interno es que, al final, el mismo miedo que causó la práctica espiritual desaparece, junto con todos los demás miedos aflictivos y aflicciones mentales en general. Es tal y como el gran santo budista Milarepa dijo en una ocasión:

«Por miedo a la muerte me fui a las montañas,
y, tras meditar una y otra vez en lo impredecible del momento de la muerte, obtuve el baluarte del estado primordial de la no muerte.
Ahora, he abandonado el miedo a morir».

Así pues, al principio, el miedo puede no parecer muy beneficioso, y, de hecho, tendemos a decir que cualquier cosa que se haga por miedo está mal, pero cabe recordar que, aunque tal vez no sea el caso para todos, es innegable que aquellos a los que el miedo los impulsó a ser mejores personas y que, con su propio desarrollo hicieron que al final se extinguiera el mismo, obtuvieron un gran beneficio. En muchos casos, el miedo crea un cambio, y el cambio elimina el miedo. El gran Maestro budista vietnamita Thich Nhat Hanh dice que al prender un cerillo este da origen a una flama que termina por consumir al mismo cerillo que la causó. Aunque él utiliza esta metáfora para hablarnos de la transitoriedad, aquí me gustaría verla desde otra perspectiva: el cerillo es el miedo que causa el fuego de la práctica espiritual, y ese mismo fuego de la práctica espiritual consume al cerillo del miedo.

El miedo puede ser un compañero fiel que nos alerta cuando hay peligros inminentes, y bien utilizado, es de mucho beneficio en nuestro desarrollo personal. Es natural que, al igual que el dolor físico, la experiencia de temor sea desagradable, aunque de esa manera nos ayuda a evitar el peligro. Pero ¿en qué momento, entonces, deja de protegernos y se vuelve una aflicción mental? ¿Cómo es que muchos miedos no solo no nos favorecen, sino que se convierten en la causa de un inmenso sufrimiento?

MIEDOS AFLICTIVOS

La experiencia del miedo surge cuando el sistema nervioso autónomo y la respuesta hormonal endocrina se activan mediante la amígdala, la cual se encarga de detectar algún peligro a través de la información percibida por los sentidos. Tras percibir una amenaza, el sistema nervioso autónomo libera hormonas catecolaminas (adrenalina y noradrenalina) que detonan reacciones corporales involuntarias (por ejemplo, sudoración e incremento de la frecuencia cardiaca) y nos preparan para lo que se conoce como la respuesta de «lucha o huida». Además, se produce cortisol, el cual potencializa las hormonas catecolaminas. Todo esto sucede antes de que nuestro razonamiento pueda manifestarse y es parte de un instinto muy arraigado en nosotros.

Desde el punto de vista de la supervivencia, cuando nos encontramos ante un peligro, lo peor que podemos hacer es ponernos a pensar. Lo malo es que en bastantes ocasiones sí deberíamos hacerlo, ya que muchos miedos surgen sin fundamento, sin la presencia de una amenaza real. El problema al que nos enfrentamos es que, en cierta manera, algunas partes de nuestro cerebro son como las de un cavernícola que vive en la era moderna. Si un hombre de Neandertal viajara en el tiempo y apareciera en nuestro mundo el día de hoy, le sería extremadamente difícil entender y adaptarse a su entorno. De la misma manera, aunque nuestro cerebro ha evolucionado mucho a lo largo de la historia, una parte de él, la amígdala, que es donde se coordina la respuesta de miedo, no ha logrado ir al paso de un mundo moderno rápido y cambiante. Por lo tanto, hay una parte de nuestro cerebro que sigue reaccionando de la misma manera que hace miles de años, pero en un mundo muy diferente al de entonces.

Los miedos aflictivos surgen cuando el miedo deja de cumplir correctamente su función de mecanismo de protección y comienza a avisarnos acerca de todo tipo de peligros, muchos de los cuales es muy poco probable que sucedan o están solo en nuestra mente. Los miedos de este grupo se activan con base en toda clase de visiones erróneas relacionadas a uno mismo y a los demás, a nuestro entorno y a la realidad.

Si buscamos la definición de «miedo» en el Diccionario de la lengua española, podemos encontrar la siguiente: «1. m. Angustia por un riesgo o daño real o imaginario».

En cuanto a lo de un riesgo real, sabemos que sentir miedo puede ayudarnos a evitar el peligro; así que este no es un problema. Es al segundo tipo, al de los miedos imaginarios, al que debemos prestarle una particular atención, ya que nos hace vivir constantemente temerosos. No siempre tenemos una serpiente frente a nosotros o un auto que se aproxima a toda velocidad, pero sí tenemos, en cambio, recuerdos de sucesos trágicos que revivimos en nuestra mente una y otra vez, proyecciones de un futuro incierto, expectativas falsas de felicidad, falta de aceptación de la realidad transitoria, una experiencia egocentrista de la vida y mucho más, y por eso vivimos asustados y ansiosos todo el tiempo.

EL POTENCIAL DE LA MENTE HUMANA, UN ARMA DE DOBLE FILO

Las capacidades de la mente humana de recordar, proyectar e imaginar suelen ser de mucho beneficio en el contexto apropiado, pero cuando se entremezclan con mentes aflictivas pueden crear la fórmula perfecta para experimentar constante temor. Los seres humanos tenemos la capacidad de proyectar todo tipo de situaciones, algunas incluso muy poco probables. Esto ha dado origen a extraordinarios personajes de novelas que nos han entretenido a lo largo de la historia, pero esta habilidad que ha logrado crear maravillosas obras de arte es la misma que puede hacer que nos imaginemos un asalto si salimos de casa, que nos despidan del trabajo o el quedarnos solos en nuestra vejez. Y, aunque es verdad que es posible que todo esto suceda, en muchas ocasiones estas «realidades» se crean solo en nuestra mente, hacen que la imaginación se desborde y nos inunde la ansiedad.

Nuestra capacidad de recordar detalles sutiles del pasado distante y de proyectar nuestra mente hacia el futuro, nos ha ayudado a evolucionar en un sinfín de formas, tanto externa como internamente, pero, si esta facultad se conjuga con experiencias negativas y falta de entrenamiento mental, puede dar rienda suelta a fuertes aflicciones mentales como el resentimiento, el despecho, el deseo de venganza, la envidia y, como veremos más adelante, la depresión y la ansiedad.

En muchas ocasiones, recordamos algo que nos sucedió y, por ello, creemos que nos va a volver a pasar o, al pensar en el futuro, comenzamos a tener miedo de un suceso que ni siquiera existe aún. Podemos tener miedo de algo que seguro va a pasar (como envejecer, enfermar o morir) o que puede pasar (como que se incendie la casa o nos secuestren). En este segundo caso, nuestra imaginación cumple un papel fundamental, y, por eso, debemos de saber cuándo nos está llevando a disfrutar de la vida y crecer y cuándo está alimentando nuestras aflicciones mentales y, por tanto, creando sufrimiento. Hasta para imaginar, hay que saber cuándo es un buen momento.

LA TOXICIDAD DEL MIEDO

Cuando un animal se encuentra frente a un depredador, la reacción de «lucha o huida» hace que utilice su energía almacenada para, precisamente, luchar o escapar. Después, cuando este se encuentra fuera de peligro, puede regresar a la normalidad sin que le queden efectos negativos, ni físicos ni psicológicos. Como ya hemos visto, el ser humano posee este mismo mecanismo; la gran diferencia es que nuestro mundo es más complejo, así como nuestra toma de decisiones.

Debido a que una gran cantidad de los miedos son proyecciones de nuestra mente, la reacción de «lucha o huida» muchas veces no parece tener sentido. Por ejemplo, si nos encontramos ante una situación difícil en la oficina con la gerencia, pelear significaría quedar despedidos y huir implicaría renunciar al empleo, y es claro que, en la mayoría de los casos, ninguna de las dos opciones parece una viable. Lo que sucede entonces, es que terminamos tragándonos nuestro enojo junto con el coctel de bioquímicos no utilizados que fabricamos durante esa reacción. Cuando esto sucede constantemente se crean diversas complicaciones tanto emocionales como físicas que nos llevan a contraer distintas enfermedades y trastornos psicológicos, los cuales, a su vez, causan más ansiedad y estrés, y hacen que la rueda del desbalance físico y emocional se mantenga.

LA PERCEPCIÓN DEL RIESGO

Nuestro cerebro primitivo no parece hacer una clara distinción entre un daño sucedido en nuestra colonia o a miles de kilómetros. Por esa razón, en nuestro mundo moderno, la rapidez con la que viaja la información de un lado al otro del planeta ha influido enormemente en la manera en que procesamos el riesgo y experimentamos miedo. Gran parte de nuestros temores hoy en día, son la consecuencia de partes de un cerebro que no han logrado evolucionar en su totalidad al ritmo de la tecnología.

Hace miles de años, tenía sentido el temer salir de nuestras cuevas debido a todos los peligros que podríamos enfrentar, pero, hoy en día, nuestra cueva en muchos casos es mental. A esto se le llama «zona de confort»; a menudo, no es tanto la situación en sí misma, sino nuestra propia percepción la que origina diversos miedos.

Debido a mi formación, con frecuencia, algunas personas me consultan acerca de sus estudios y prácticas espirituales, pero también sobre cuestiones que tienen que ver con situaciones familiares o temas que les afligen. Los asuntos económicos son parte de la preocupación de muchos, así que es común escuchar lo preocupados que están por su situación financiera y la ansiedad que sienten por ello. Al principio, y debido a su expresión de angustia, me inquieto al pensar que es algo grave, sin embargo, en repetidas ocasiones ha sucedido que, tras haber indagado más acerca de las circunstancias de su «problema», he observado que, comúnmente, la preocupación no es proporcional a la situación. No es que la persona se haya quedado sin nada, ni siquiera que ya no pueda pagar su renta, cubrir sus necesidades básicas o pagar la colegiatura de sus hijos; es, simplemente, que ya no gana lo que antes, y eso le causa sufrimiento.

La preocupación proviene de la percepción y no de un daño verdadero. No digo que en ese momento para la persona no sea algo real lo que le causa angustia, pero si lo analizamos a fondo, realmente en estos casos su miedo es más bien algo psicológico que tiene que ver con el temor a perder el estatus socioeconómico. El miedo proviene de perder las fantasías que las expectativas y proyecciones habían creado y no de un peligro en sí.

El budismo sostiene que la raíz del sufrimiento reside en la discrepancia entre la apariencia y la realidad. Como vimos anteriormente, muchas de nuestras preocupaciones tienen que ver con una idea errónea acerca de lo que es la felicidad. Si uno equipara el bienestar material con la experiencia de felicidad, es lógico que, tener menos dinero, implique para nosotros menos felicidad; de ahí surge la angustia. Además, algunos de los factores que contribuyen al miedo son el tener demasiadas expectativas de cómo las cosas tienen que ser y, sobre todo, el vivir bajo las expectativas de otros, que es aún peor. La sociedad nos sugiere que, una vez alcanzado un cierto nivel socioeconómico, si bajamos de este, hemos fracasado. Nos preocupa demasiado la percepción de los demás; esto es parte de la trampa del egocentrismo, de siempre querer ser reconocidos por otros.

Al tomar en cuenta lo anterior, resulta que, después de platicar un rato sobre el tema, sucede que estas personas, en mayor o menor grado, se dan cuenta que lo sucedido no es tan grave como parecía, pero que su mente les hizo creer eso.

Hay un dicho tibetano que reza: «Espera lo mejor, prepárate para lo peor», y, aunque esto puede parecer un consejo muy simple, en realidad logra ser muy efectivo si lo aplicamos correctamente. Imagínate en esta situación: te das cuenta de que, en efecto, estás ganando menos dinero y que eso implica tener que recortar gastos. Si piensas: «¿Qué es lo peor que podría pasar?», en muchas ocasiones te das cuenta de que, fuera de tener que cambiar a tus hijos de escuela, vender tu coche y posiblemente mudarte a un lugar donde pagues menos renta, en realidad no es cuestión de vida o muerte y de que, incluso, puede haber ciertos beneficios relacionados a este cambio de estilo de vida. Pero es tanta la presión de otros (muchas veces los más cercanos a nosotros) y la propia, que nuestra mente nos hace creer que estamos en graves problemas. No es el mero suceso externo el que nos genera angustia, sino nuestra manera de percibir y actuar con base en esa situación. Muchas parejas terminan discutiendo e incluso separándose cuando económicamente las cosas no van bien. Esto es muy desafortunado, además de una muestra de que algo estaba faltando desde un inicio.

Muchos miedos surgen cuando no logramos evaluar correctamente un riesgo, ya sea que este es inexistente y lo creemos real, que este sea muy poco probable y aun así le demos mucho peso o que no hagamos un balance correcto entre el riesgo y las herramientas para contrarrestarlo. Por ejemplo, nos puede dar miedo estar en un lugar, aunque sea poco realista temer ya que es extremadamente seguro o, aunque el peligro de que nos pase algo sea probable, tal vez es mínimo como para prestarle atención, pero lo hacemos. Además, una vez que el miedo surge, podríamos darnos cuenta de que hay medidas que podemos tomar y, al implementarlas, esto lograría contrarrestarlo, pero tampoco lo hacemos. El resultado es que el miedo continúa sin freno.

A lo largo de nuestra vida aprendemos diversos miedos. Tal vez sea natural, aunque no en todos los casos, tenerles miedo a las serpientes, pero el miedo a una bicicleta difícilmente se desarrollará a menos de que nos hayamos accidentado en una, o que alguien, por alguna razón, nos transmita ese miedo. Así pues, existen miedos innatos y miedos aprendidos. Muchos de nuestros temores obedecen a esta segunda categoría. Aprendemos a tener miedo tanto por experiencias propias como al conocer las vivencias de otros, por ejemplo, el tenerle miedo a una casa porque los demás hablan de que está embrujada o a una persona porque nos dicen que es agresiva. Así, en muchas ocasiones, nuestros miedos ni siquiera son producto de una experiencia personal, son transferidos por otras personas. Esto de principio no es algo malo ya que si las experiencias propias e incluso las de otros nos ayudan a protegernos sin duda es de mucho beneficio, sin embargo, nuevamente habría que diferenciar entre instancias sanas de ello y aquellas que no lo son.

Otra razón por la cual vivimos bajo constante temor es la que Daniel Gardner (autor del libro *The science of fear, how the culture of fear manipulates your brain*) llama «la regla del ejemplo», la cual se refiere a que, si estamos acostumbrados a ir a un lugar y nunca nos ha pasado nada malo, pero escuchamos una sola vez que a alguien le sucedió algo desafortunado, será esta segunda la que posiblemente recordemos más. Esto también es parte de nuestro instinto de supervivencia, ya que, al poder recordar fácilmente que algo malo pasó, creemos que puede volver a suceder y nos protegemos. En cierta manera, tiene sentido pues no nos conviene arriesgarnos a olvidarlo; el tenerlo en mente puede salvarnos la vida: el asesino podría regresar, el alimento podría envenenarnos a nosotros también… Pero, de nueva cuenta, en un mundo donde la información puede llegar a tantos lugares y personas en tan poco tiempo, sin mencionar que son las historias grotescas las que son noticia, nuestra percepción del riesgo puede no estar alineada con la realidad.

Hoy en día, es muy común decir que el mundo va de mal en peor, que es más inseguro cada vez y que hay más enfermedades y problemas que nunca. Y, aunque estoy de acuerdo en que algunas cosas han empeorado, como el impacto de la contaminación en el calentamiento global, creo que se nos ha olvidado que, en muchos ámbitos, incluso estamos mejor si nos comparamos con otras épocas. Sin embargo, esto no parece influir en la disminución del miedo. «Somos las personas más sanas, las más ricas y las más longevas en la historia. Y estamos constantemente atemorizados. Esta es una de las grandes paradojas de nuestro tiempo», escribe Daniel Gardner.

Si es verdad que el mundo va de mal en peor, ¿aceptarías intercambiar la época en la que vivimos por la Edad Media o la primera mitad del siglo xx? En el siglo xiv la llamada «peste negra» trajo una crisis económica y social que produjo revueltas y muchos conflictos. La peste bubónica, como también se le conoce, arrasó con una tercera parte de la población de Europa. Como no se sabía su causa, se creyó que era un castigo divino por la falta de fe; se culpó a los judíos a quienes se les asesinó como castigo, pues se les acusaba de haber envenenado los pozos o el aire. Algunos se flagelaban para expiar sus pecados con la idea de que esto eliminaría la enfermedad. Además, tomando en cuenta los medicamentos, anestesia y métodos de higiene, los derechos en relación con el género, razas y especies, la libertad de culto y expresión, entre otras cosas, podemos asumir que esta época es más afortunada. Solo hace falta escuchar sobre la Santa Inquisición para pensar dos veces si cambiaríamos esta época por la Edad Media.

Por otro lado, recordemos que durante la primera mitad del siglo xx se desarrollaron dos guerras mundiales. Tan solo en la primera de ellas, que duró cuatro años, se dice que murieron unos diecisiete millones de personas entre soldados y civiles. Y, en 1918, la gripe española brotó terminando con la vida, acorde a algunas fuentes, de más de cuarenta millones de personas. En la Segunda Guerra Mundial, se calcula que alrededor de unos sesenta millones de seres humanos perdieron la vida, más de la mitad de ellos eran civiles. Aunque estoy poniendo ejemplos de solo algunas partes del mundo, pienso que mucho de lo que se menciona aquí es aplicable al mundo en general en aquellas épocas.

Así pues, es verdad que vivimos en tiempos donde hay todo tipo de dificultades, pero ¿en realidad el mundo es más peligroso que antes? En cuanto a la escala de destrucción, podríamos decir que sí lo es, pero también es cierto que los acuerdos, derechos y leyes tienen un impacto más global.

Steven Pinker, psicólogo experimental, científico cognitivo, lingüista y escritor canadiense, expone en su libro *Los ángeles que llevamos dentro* su teoría acerca de que la violencia en el mundo está declinando a lo largo de la historia. Con una gran cantidad de información y gráficas, plantea la idea de que, considerando la historia de la humanidad, en la actualidad la violencia y el daño definitivamente son menores. El mismo Pinker afirma: «Hoy podemos estar viviendo en la era más pacífica en la existencia de nuestra especie.» Y, aunque algunos especialistas no están de acuerdo con él en varios puntos, definitivamente creo que en muchos aspectos está en lo correcto. Yuval Noah Harari comenta en su libro *De animales a dioses*: «La mayoría de la gente no aprecia lo pacífica que es la era en la que vivimos. Ninguno de nosotros estaba vivo hace 1,000 años, de modo que olvidamos fácilmente que el mundo solía ser mucho más violento. Y cuanto más raras se hacen las guerras, mucha más atención atraen. Hay muchas más personas que piensan en las guerras que hoy azotan Afganistán e Irak que en la paz en la que viven la mayoría de los brasileños e hindúes». Y aún más importante: «nos concierne más fácilmente el sufrimiento de los individuos que el de poblaciones enteras. Sin embargo, para poder comprender los macro-procesos históricos, tenemos que examinar las estadísticas de masas y no los relatos individuales». Más adelante en su libro, dice: «Tal vez sea discutible si la violencia dentro de los estados se ha reducido o ha aumentado desde 1945, pero lo que nadie puede negar es que la violencia internacional ha caído hasta el nivel más bajo de todos los tiempos».

Su Santidad el Dalai Lama cuenta como anécdota que en una ocasión se reunió con la Reina Isabel II y durante ese encuentro le preguntó a la monarca del Reino Unido que, tomando en cuenta todo lo que ella había vivido, qué mitad del siglo xx consideraba que había sido mejor, si la primera o la segunda. A lo cual, la Reina le contestó inmediatamente que la segunda era una época mucho mejor, que solamente en la primera mitad del siglo xx habían acontecido ¡dos guerras mundiales!

Por lo tanto, aunque nuestro bienestar general en muchos aspectos es mayor en relación al pasado, muchos miedos en lugar de disminuir parecen ir en aumento. Hoy en día, tenemos miedos para prácticamente cualquier cosa, incluidos:

Ablutofobia: miedo a lavarse o bañarse.
Anemofobia: miedo al viento.
Anglofobia: miedo a lo inglés.
Asimetrifobia: miedo a la asimetría.
Aulofobia: miedo a las flautas.
Autodisomofobia: miedo a alguien con mal olor.
Bibliofobia: miedo a los libros.
Cacofobia: miedo a la fealdad.
Caliginefobia: miedo a las mujeres hermosas.
Consecotaleofobia: miedo a los palillos chinos.
Copofobia: miedo a fatigarse.
Francofobia: miedo a lo francés.
Lacanofobia: miedo a las frutas y verduras.
Lutrafobia: miedo a las nutrias.
Metrofobia: miedo a la poesía.
Sinistrofobia: miedo a la izquierda.
Tetrafobia: miedo al número cuatro.
Y por supuesto, fobofobia: miedo a las fobias.

¿Es, entonces, que el mundo realmente se ha vuelto más peligroso o más bien que lo percibimos como más peligroso? Daniel Gardner también comenta en su libro: «En encuestas en los EUA conducidas por Paul Slovic y Sarah Lichtenstein al final de la década de los 70's, la diferencia entre la percepción y la realidad era a menudo sorprendente. La mayoría de la gente dijo que los accidentes y las enfermedades mataban más o menos equitativamente, mientras que en realidad las enfermedades infligen unas diecisiete veces más muertes que los accidentes». En su libro, Yuval Noah Harari menciona: «Resulta que al año siguiente de los atentados del once de septiembre, a pesar de todo lo que se llegó a hablar de terrorismo y guerra, la persona promedio tenía más probabilidades de suicidarse que de morir en manos de un terrorista, un soldado o un traficante de drogas».

Así que, muy a menudo, el verdadero riesgo y la percepción no van de la mano. Recordemos que, finalmente, lo que llega a las noticias es lo raro y no lo común. Por ello, aunque el miedo es un instinto que nos hace actuar espontáneamente y hay indudables beneficios de esto, cuando nos encontramos ante un daño real, gran parte de nuestra labor consiste en desarrollar la habilidad de saber cuándo detenernos a analizar con más detalle y pensar si hay una razón auténtica para tener miedo.

EL MEJOR CLIENTE

Muchas personas, compañías e incluso gobiernos utilizan el miedo como una forma de manipulación o como una estrategia de ventas. Para lograr su propósito, nos dan información que, si no es del todo falsa, está filtrada para hacernos pensar y actuar como ellos quieren. ¡Y lo logran! ¿Por qué? Porque se aprovechan de que el miedo es instintivo y no da oportunidad a la razón para intervenir. Aunque tengamos datos estadísticos de que el daño del que se nos habla no es tan grave, una vez que el miedo surge, la mente racional se hace a un lado y no logra corregir la desinformación.

Hace miles de años, cuando nuestros ancestros salían a cazar para obtener alimento, si alguien gritaba: «¡Miren, leones a la distancia!», no se sentaban a discutir si esos animales que veían aproximarse eran en realidad leones o no; simplemente se daban la vuelta y tomaban otro curso en su camino; para qué arriesgarse. Esto tiene que ver con algo llamado «la Ley de la similitud», la cual establece que, por ejemplo, si algo se parece a un león, nuestra mente tenderá a percibirlo como un león. Lo cual, hace miles de años, era de gran ayuda para la supervivencia, pues si uno veía algo que se asemejaba a un león lo más seguro es que en realidad lo fuera.

Sin embargo, hoy en día, en un mundo moderno plagado de tecnología, hay muchas cosas que pueden parecer algo sin que eso implique que lo sean. El asesinato de una persona en un cómic, en una película o en un videojuego, al ser algo que se asemeja a un asesinato real, puede causar reacciones similares a las que surgen ante un suceso verdadero y dejar huellas en nuestra mente muy parecidas a las que el suceso real podría imprimir. También puede hacer que uno comience a confundir una experiencia con otra y las integre en una misma realidad.

Para comprender mejor esta afirmación, analicemos el siguiente caso ocurrido en Alabama en 2003. Devin Moore, un chico de dieciocho años fue arrestado por el robo de un auto y, mientras se encontraba en la estación de policía, logró tomar la pistola de un policía y mató a dos agentes y a la operadora del 911 para después huir en la patrulla. Cuando lo detuvieron, el joven declaró: «La vida es un videojuego. Todo el mundo tiene que morir en algún momento». Moore acostumbraba jugar un videojuego llamado *Grand Theft Auto: Vice City*. Lo que hizo este joven fue prácticamente una representación real de una misión que es parte del juego: fugarse de una estación de policía tras matar a los oficiales y escapar en la patrulla. Este suceso desencadenó un debate nacional acerca de la influencia de los videojuegos en los niños y jóvenes. El hecho de que existan tantos elementos en el mundo moderno y virtual similares a la realidad, tiene muchas implicaciones en nuestra percepción del riesgo y la vida misma. Es necesario, entonces, tener claro qué es la realidad y qué solo se asemeja a ella, pues nuestro cerebro reptiliano no sabrá hacer esa distinción. Aunque, al ver una película, el dejarnos llevar por la trama y creerla real puede ser parte importante de disfrutarla, en otros casos las implicaciones pueden no ser tan agradables.

Cuando vemos una serpiente, no nos ponemos a analizar si será venenosa o no, si tendrá intención de mordernos, si en realidad es una serpiente o tal vez solo un trozo de cuerda. El miedo es y debe ser un instinto porque, cuando hay un peligro, un segundo puede ser la diferencia entre la vida y la muerte. Por esa razón, hoy en día, esa parte de nuestro cerebro sigue funcionando igual. En su libro *Cultiva la felicidad*, Rick Hanson comenta: «Nuestros antepasados podían cometer dos clases de errores: el primero, pensar que hay un tigre entre la espesura cuando no lo hay, y el segundo, pensar que no hay un tigre entre la espesura cuando sí lo hay». Es obvio concluir que detenernos a pensar si lo que estamos viendo es en realidad un tigre o no, puede hacernos perder preciados instantes para huir. Así es que, desarrollamos la tendencia a no analizar cuando de un posible daño se trata.

Por ejemplo, en la televisión podemos ver un comercial que anuncia que el jabón que se nos ofrece mata al 99.99% de las bacterias y se nos da una clara y emotiva visión del peligro que corren nuestros hijos si no se lavan las manos con el producto. Como se trata de ellos, la verdad, ¿para qué arriesgarnos? Mejor lo compramos. Sin embargo, el 2 de febrero del 2016, la Administración de Alimentos y Medicamentos de los Estados Unidos (FDA, por sus siglas en inglés) anunció, en un comunicado de prensa, una regla definitiva que prohíbe la comercialización de jabones antisépticos de venta libre que contienen cientos de ingredientes activos. «Los consumidores quizás piensen que los jabones antibacterianos son más eficaces a la hora de evitar la propagación de los microbios, pero no ha sido demostrado científicamente que sean mejores que el jabón tradicional y el agua», señaló la Dra. Janet Woodcock, directora del Centro para la Evaluación e Investigación de Fármacos

(CDER, por sus siglas en inglés). «De hecho, algunos datos sugieren que, los ingredientes antibacterianos, pueden ser más perjudiciales que beneficiosos a largo plazo». En el sitio web de la FDA también se lee: «La dependencia dio a conocer la regulación propuesta en 2013 después de que algunos datos indicaran que la exposición a largo plazo a ciertos ingredientes activos usados en los productos antibacterianos —por ejemplo, triclosán (en jabones líquidos) y triclocarbán (en jabones de barra)— podría presentar riesgos para la salud, como resistencia bacteriana o efectos hormonales».

No obstante, aunque incluso algunos jabones antibacteriales no solo son iguales sino peores que los comunes, los compramos, no tanto porque el producto sea mejor, sino porque la información estaba dirigida a nuestro miedo, no a la razón.

Nuestras emociones tienen una voz mucho más fuerte que la mente racional porque están íntimamente ligadas a instintos como el miedo y el deseo sexual. Por lo tanto, si lo único que le interesa a alguien es vender, estos dos son excelentes clientes ya que no van a meditar mucho sobre el asunto. Al tomar una decisión, son muchas veces las emociones, y no la sabiduría, las que deciden. A esto los neurocientíficos lo llaman «heurística de la afectividad» y es una especie de atajo con el que contamos al tomar decisiones en las que, las emociones, influencian mayormente la resolución.

Así pues, parte importante de trabajar con el miedo es saber cuándo sí debemos detenernos a pensar y cuándo no. Si, ahora, a lo que tenemos miedo es al triclosán, tratemos de corroborar la información y en caso de tener datos confiables, pues dejemos de comprar productos que contengan esa sustancia y el problema quedará resuelto. Recordemos que el miedo puede ser un gran aliado que nos alerte sobre posibles daños y que, cuando lo escuchamos y hacemos algo al respecto para eliminar el peligro, puede incluso contribuir a nuestra tranquilidad.

LA POLÍTICA DEL MIEDO

En el ámbito político es muy común utilizar el miedo como una forma de control y para obtener votos. En la historia de la humanidad hay muchos casos, pero, en épocas recientes, podemos citar los de Adolf Hitler en la Alemania Nazi, la China comunista de Mao Zedong, la dictadura de Josef Stalin en la Unión Soviética, la de Benito Mussolini en Italia, la de Francisco Franco en España, la de Augusto Pinochet en Chile, la de Manuel Noriega en Panamá, la de Idi Amin en Uganda, la dinastía Kim de Corea del Norte, las campañas políticas de George W. Bush y Donald Trump, por mencionar algunos.

Al Gore, quien compitió por la presidencia de los Estados Unidos de América en el año 2000 y fue galardonado en 2007 con el Premio Nobel de la Paz, (conjuntamente con el Grupo Intergubernamental de Expertos sobre el Cambio Climático IPCC por sus siglas en inglés), por sus esfuerzos para generar consciencia sobre el cambio climático, escribió en su libro *The assault on reason*: «El miedo es el más poderoso enemigo de la razón». También menciona en su publicación: «Parece que estamos teniendo una inusual dificultad para distinguir entre una amenaza ilusoria y una legítima». Este es un punto fundamental para entender cómo muchos políticos logran hacernos votar por ellos y aceptar sus gobiernos, muchas veces opresivos. Como hemos dicho anteriormente, si le hablamos a la mente racional va a ser mucho más difícil convencerla que si nos dirigimos al instinto. Esta es, obviamente, una estrategia poco ética, pero si, a fin de cuentas, lo que a un político le interesa es subir al poder a como dé lugar, no tendrá problema en utilizarla.

Por otro lado, uno de los aspectos más desafortunados en la guerra por el poder es que, en muchas ocasiones, los políticos se enfocan en campañas que no necesariamente son las más beneficiosas, pero que sí son muy llamativas, con tal de causar una buena impresión en los votantes, y en muchas ocasiones ni siquiera llevan a cabo lo prometido. Barry Glassner, profesor de sociología y expresidente del Lewis & Clark College en Portland explica en su libro *La cultura del miedo* (en cuyo subtítulo se lee *Porque los americanos le temen a las cosas equivocadas*), lo siguiente: «Una de las paradojas de una cultura del miedo es que serios problemas son ampliamente ignorados, aunque estos dan origen precisamente a los peligros que la población más aborrece. La pobreza, por ejemplo, se relaciona fuertemente con abuso infantil, crimen y abuso de drogas». Sin embargo, es muy probable que un político que quiera obtener votos anuncie en su campaña medidas contra el crimen y la inseguridad en lugar de proponer estrategias para erradicar la pobreza, ya que esta última no sonará tan urgente como la primera para muchos votantes, puesto que, normalmente, el grueso del electorado no pertenece a la población más vulnerable. Por lo tanto, anunciar una medida contra la pobreza no será tan relevante para la mayoría de las personas que irán a las urnas y preferirán votar por alguien que les prometa seguridad, aunque erradicar la pobreza podría ser clave para bajar los índices de inseguridad. Este es otro claro ejemplo de la discrepancia entre la realidad y la percepción.

En el artículo «Técnicas narrativas para infundir miedo», Glassner menciona que hay tres técnicas para infundir miedo en la sociedad: la repetición, la representación de incidentes aislados como tendencias y el desvío de la atención. Estos elementos fueron utilizados por George W. Bush después del once de septiembre para justificar la invasión a Irak, pero los podemos observar no solo en el ámbito del control político sino también en los noticieros de todos los días. Al repetir una misma noticia trágica una y otra vez, se incrementan el miedo y la ansiedad. Al presentar las noticias de varios eventos de violencia por separado en lugares distantes, en nuestra mente aparecen como si tuvieran un vínculo. Y, por último, al hacer mención de un acto aislado de vandalismo de un pequeño grupo durante una marcha pacífica, se desvía nuestra atención a todos los manifestantes y se les apunta como responsables.

TENDENCIAS

Es importante notar que no siempre es con una mala intención que los políticos o reporteros dan constantes noticias desagradables o malinforman al público; finalmente son humanos, y es parte de nuestro instinto el notar lo malo, lo peligroso o lo raro para protegernos y dar aviso al grupo para alertarlo. En ocasiones, los reporteros son como aquellos que gritaban: «¡Cuidado! ¡Leones a la distancia!», y sabemos que es mejor avisar aunque no estemos seguros del peligro, que tomar el riesgo de no hacerlo. Así, aunque es verdad que mucha gente usa el miedo para controlar y vender, a veces nuestro instinto de protección simplemente nos hace enfocarnos en el peligro y creer que debemos avisar a los demás. Esa es la razón por la cual las buenas noticias escapan tan fácilmente. Cuando aquellos cazadores en las sabanas africanas salían a buscar alimento, una parte de su mente estaba enfocada en encontrar a su presa o algún fruto; y otra, en estar alerta de un posible peligro. Me parece difícil pensar que su atención estuviera principalmente enfocada en notar las flores y mariposas que encontraban en el camino y avisar sobre ellas; simplemente era más importante para su supervivencia concentrarse en hallar alimento y evitar posibles daños. Así es como la tendencia a estar atento en lo raro, lo peligroso, se quedó instaurada en nuestra psique.

Tal vez no es que en el mundo haya más sucesos malos que buenos, sino que tendemos a enfocarnos en los negativos y hacerlos noticia. Esto es parte del instinto de protección que les salvó la vida a nuestros ancestros en numerosas ocasiones pero que, repito nuevamente, hoy en día opera en un mundo muy distinto y trae consigo diversas dificultades. Es claro entonces que, desde el punto de vista de la supervivencia, el estar atento al peligro es más importante y urgente que el buscar una recompensa. Si el día de hoy no te encuentras con alguna gratificación, no será algo de vida o muerte, pero cuando se trata de un daño, el encontrarlo o no, sí puede hacer toda la diferencia. Esta costumbre puede verse reflejada en nuestra vida diaria. Por ejemplo, es más fácil recordar las faltas y errores de otros que sus éxitos y virtudes. Si alguien nos ha hecho favores por diez años, pero un día decide ya no hacerlo, posiblemente tomaremos más en cuenta este último suceso. En el caso de nosotros mismos, aunque hayamos hecho muchas cosas bien, son nuestras fallas las que ocupan nuestra mente.

Es normal que las historias raras sean las que lleguen a las primeras planas de los periódicos. «Un perro mordió a un hombre» no es noticia, pero «Un hombre mordió a un perro» sí lo es. Enfermedades poco comunes, asesinos seriales, desastres naturales, aviones que se estrellan constituyen los titulares, mientras que los eventos más comunes pasan desapercibidos porque no son relevantes para el noticiero de la mañana. «El día de hoy no se reportó ningún muerto por violencia en la Ciudad de México» definitivamente no será una noticia que dé la vuelta al mundo. La realidad es que en México más personas mueren por diabetes que debido a agresiones; los accidentes comunes matan a más gente que los desastres naturales y hay más probabilidades de morir en un automóvil que en un avión.

En cierta forma, deberíamos de temer más a las enfermedades y accidentes que no llegan a las primeras planas de los periódicos ni a los noticieros pues, de hecho, son más comunes.

El jueves treinta de enero de 2015 puse el noticiero de Azteca Noticias por solo diez minutos. En ese tiempo, pasaron trece noticias, de las cuales doce tenían un contenido capaz de causarnos miedo o ansiedad de una u otra forma (narcotráfico, injusticias, accidentes, secuestros, violencia, desaparecidos, exigencia del cumplimiento de leyes e, incluso, la reforma energética, causa de descontento para muchos). La única noticia neutra, por decirlo así, fue acerca de la visita del entonces presidente de México, Enrique Peña Nieto, a Cuba. No hubo ni una sola noticia que tuviera un contenido que elevara el sentido de seguridad, esperanza o satisfacción. De aquí que mucha gente no quiera ver los noticieros ni leer los periódicos. Pero la pregunta importante es: ¿En verdad no había sucedido nada bueno ese día o es simplemente que lo bueno lo damos por sentado y, por lo tanto, no es noticia?

Otro punto que debemos tomar en cuenta es que los sucesos negativos se establecen y consolidan más fácilmente en nuestra memoria que los sucesos positivos. Una experiencia negativa se almacenará rápidamente en la memoria a largo plazo, ya que nuestro instinto de protección considera que es muy importante no olvidarla. De ahí que, desprendernos de nuestros miedos, no sea una tarea sencilla y menos cuando son temores psicológicos basados en ideas y proyecciones que continuamos alimentando a diario, aunque también es cierto que, en algunos casos, el propio mecanismo de protección nos lleva a bloquear el evento en nuestra mente.

En muchas ocasiones, al experimentar un trauma, o lo recordamos constantemente reviviendo el martirio o terminamos bloqueándolo, incapacitándonos para poder reconocerlo y, por ende, trabajar con él. En el primer caso, esta tendencia hará que sean más comunes las historias grotescas que nutrirán el miedo y ansiedad creados por el trauma y causarán, a su vez, que lo recordemos más, que continuemos enfocándonos en lo negativo y que perpetuemos, así, el ciclo del miedo y la ansiedad. En el segundo, si el trauma causó el bloqueo del evento en nuestra mente, tendremos diferentes miedos y otras aflicciones mentales sin saber por qué, lo cual, en muchos casos, hará que sea muy difícil el superarlos.

OTRAS CONDICIONES PARA EL DESARROLLO DEL MIEDO

Algunas condiciones que también colaboran en el surgimiento del miedo tienen que ver con qué tan peligroso parece el objeto de nuestro temor: si sentimos que la situación está fuera de nuestro control, si es algo que desconocemos totalmente, si el peligro se percibe cercano, si creemos que nuestros seres queridos pueden ser dañados, si quien nos expone el riesgo es una fuente confiable, si el daño puede causar un desastre a nivel masivo, etc. Sin embargo, tal vez la condición más importante es simplemente la costumbre. «Costumbre» o «familiarización» es uno de los términos claves en la psicología budista. De hecho, la palabra «meditación» en tibetano es «gom», que justamente quiere decir «familiarización», utilizado en el sentido de acostumbrarse a estados positivos de la mente y la conducta, pero la costumbre, en una acepción más amplia, opera hacia ambos lados. Es, por una parte, la que mantiene hábitos nocivos como el enojo y la avaricia, pero también la que hace posible su erradicación cuando nos familiarizamos con las virtudes que son sus opuestos, en este caso la paciencia y la generosidad respectivamente.

La razón, entonces, por la cual no podemos deshacernos de muchos de nuestros miedos es simplemente porque estamos acostumbrados a ellos, y, precisamente, la manera de eliminarlos es a través de cultivar estados que directamente se les contrapongan (en los próximos capítulos hablaremos de antídotos específicos para diferentes tipos de miedos). Además, la costumbre puede crear una falsa percepción del riesgo: «He manejado una motocicleta a altas velocidades desde hace años y nunca me ha pasado nada». «Tengo veinte años fumando y no he tenido ningún problema de salud». Así pues, la familiarización lo es todo. Nos puede mantener arraigados a un vicio por toda nuestra vida o, justo lo opuesto, causar que salgamos de este. Shantideva escribió en *Involucrándose en la conducta del Bodhisattva*: «No hay nada que no se vuelva más fácil con la familiarización».

MIEDO Y VIOLENCIA

Mahatma Gandhi dijo: «La violencia es el miedo a los ideales de los demás». Y Arturo Graf, escritor y poeta italiano de finales del siglo xix y principios del siglo xx, expresó: «La violencia no es sino una expresión del miedo». Ambas son frases llenas de verdad ya que la agresión está íntimamente vinculada con el miedo. Una serpiente muerde a una persona cuando se siente amenazada, no porque en realidad la quiera atacar. De la misma manera, los seres humanos muchas veces agredimos a alguien cuando percibimos que nos quiere hacer daño. El problema es que la agresión puede surgir por la mera percepción de un riesgo y no necesariamente debido a uno real, o incluso podría ser una especie de medida precautoria, algo así como «el que pega primero pega dos veces», pero que, en muchos casos, se manifiesta cuando nadie iba a lastimarnos. Así que vale la pena analizar si es verdad que, en numerosas ocasiones, nuestra agresión no es más que la expresión de un miedo escondido, tal vez porque fuimos lastimados en el pasado y es nuestra manera de protegernos, o porque nos sentimos inseguros de alguna otra forma.

Yoda, el famoso Maestro Jedi de *Star Wars* dice: «El miedo es el camino hacia el lado oscuro: el miedo conduce a la ira, la ira conduce al odio, el odio lleva al sufrimiento». Nuestra labor consiste en observar más profundamente nuestro interior para descubrir la fuente de la propia violencia. Al mismo tiempo, este análisis nos ayudará a ser más compasivos con aquellos que son agresivos, pues podremos ver que su enojo no es más que la máscara de un ser frágil y confundido.

Una persona compasiva, inteligente y que ha disciplinado su mente, no necesita dañar a los demás para obtener sus metas. Se requiere de mucho más entereza para no agredir que para hacerlo; por lo tanto, podemos afirmar que la agresión no es el arma del valiente sino del débil.

CÓMO RELACIONARNOS CON EL MIEDO

Como hemos mencionado ya, muchos de nuestros miedos son parte de un mecanismo de defensa y no deben ser del todo desechados. Lo importante es aprender a escuchar al miedo. Si tiene algo valioso que decir, alguna alerta importante que revelar, entonces, hemos de hacerle caso. Si lo que sugiere no tiene sentido, lo más sensato, entonces, es darle las gracias y continuar con lo que estamos haciendo. Cuando escuchemos acerca de un daño, tenemos que detenernos a reflexionar por un momento acerca de qué es realmente lo que estamos percibiendo, si es un daño real y, en tal caso, qué podemos hacer al respecto, y no solo dejarnos llevar por el instinto. Si hay alguna medida que podamos tomar para evitarlo, lo hacemos; si no se puede hacer nada, debemos de darnos cuenta que vivir angustiados no mejorará las cosas. En México acostumbramos decir que no hay que preocuparse sino ocuparse, y Shantideva en *Involucrándose en la conducta del Bodhisattva* lo expresa de la siguiente manera:

> «Si la situación se puede corregir,
> ¿por qué afligirse, entonces?
> Si no se puede corregir,
> ¿qué caso tiene estar afligido?».

Aunque no es algo que se desarrolle de un día para otro, podemos entrenar nuestra mente para no caer víctima del miedo cada vez que se presente, pero a la vez dejarlo hacer su trabajo cuando cumpla con la función de protegernos. Por ejemplo, si estamos en alguna ciudad un domingo a las 12:00 p.m. dentro de un centro comercial y el miedo nos indica que estemos alerta de un posible robo, aunque técnicamente es factible, tal vez no sea el momento de hacerle mucho caso, lo cual sería totalmente diferente si nos lo advierte a las 12:00 a.m. mientras caminamos por una calle oscura de un barrio peligroso.

Durante la crisis a nivel mundial causada por la propagación del Coronavirus Covid-19, el miedo se volvió una constante diaria para muchas personas, lo cual pudiera parecer lógico debido a lo delicado del asunto. Sin embargo, la realidad es que no hay necesidad de que el miedo persista para poder protegernos. Al inicio tiene sentido, pues su función es alertarnos, pero una vez que lo hemos escuchado, podemos enfocarnos en las medidas de protección sin necesidad de que la angustia esté presente todo el tiempo.

Nuestra relación con el miedo debe ser similar a la que podríamos tener con un guardaespaldas; si nos advierte de un peligro, lo escuchamos y actuamos si el consejo es realista, pero si su juicio es errado y está tratando de protegernos cuando no hay riesgo, podemos decirle que no se preocupe, que todo está bien.

En resumen, debemos siempre escuchar al miedo y prestar atención a lo que nos quiere mostrar, pero teniendo cuidado ya que este consejero, en ocasiones, es un tanto sobreprotector y no distingue muy bien entre la proyección y la realidad. Digamos que nuestro guardaespaldas tiene buenas intenciones, pero le hace falta capacitación.

TERCERA PARTE:

LOS ANTÍDOTOS

EL PRINCIPAL ANTÍDOTO

El antídoto principal contra el miedo es el entendimiento. Hay, por supuesto, diferentes grados de conocimiento que ayudan a contrarrestar diversos temores. El más profundo y poderoso antídoto es el conocimiento directo de la realidad interdependiente, que explicaremos más adelante. Pero, en otros niveles, el entendimiento convencional puede ser también un gran apoyo para eliminar diferentes miedos. Si tenemos miedo a las serpientes, por ejemplo, será de mucha ayuda investigar qué tan realista es nuestro temor hacia ellas. Podríamos comenzar analizando si todas las serpientes son venenosas, si de estas, todas son mortales, incluso, si hay algunas que son mortales, qué tantas posibilidades hay de que nos encontremos con una y, no solo eso, qué probabilidades hay de que nos muerda en dado caso, y, si lo hiciera, si existen antídotos y dónde podemos encontrarlos.

Y si esto ayuda respecto a un miedo muy arraigado que hemos pasado de generación en generación, qué decir de otros más recientemente adquiridos. Lo mismo sucede con relación a los contaminantes, los padecimientos, la inseguridad, etc. Conocer algo es un poderoso elemento para perderle el miedo.

A lo largo de la vida hemos abandonado muchos miedos conforme hemos aprendido a manejar un auto o una maquinaria, a hablar en público, a que no hay un monstruo viviendo en el armario… Mucho de nuestro temor está basado en la inseguridad, y el saber, la disminuye e incluso, puede erradicarla. Al principio, claro está, nuestro miedo puede ser tal que el pensar en el objeto de temor parecerá agravar la situación en lugar de ayudar, pero si tenemos paciencia y gradualmente vamos afrontando nuestros temores de manera adecuada en lugar de ignorarlos, al final veremos muy buenos resultados.

Está comprobado que una estrategia muy eficaz para contrarrestar las fobias es a través de la gradual exposición al objeto de nuestro miedo en un ambiente seguro. Aunque esto es verdad, también es cierto que, una de las dificultades para trabajar con los miedos aflictivos es que, aunque se originan en una visión errónea de la realidad, cuando surgen son tan reales como cualquier otra cosa existente.

En la literatura clásica budista hay una imagen muy utilizada para describir el efecto que tiene en nuestra mente una percepción distorsionada de la realidad: imaginemos que vamos caminando por el campo en la tarde, cuando ya no hay tanta luz, y vemos una cuerda enrollada que le parece a nuestra mente una serpiente enroscada. ¿El miedo será autentico? Si la respuesta es «no», entonces quiere decir que la soga realmente no apareció como una serpiente. Si la respuesta es «sí», esto muestra que, aunque no era una serpiente, nuestra mente así lo creyó y eso causó un miedo real.

Para sentir el miedo, da lo mismo que sea una serpiente verdadera o una cuerda que parece una serpiente. Por esa razón, aunque los miedos aflictivos surgen de proyecciones de nuestra mente, al experimentarlos son tan auténticos como cualquier emoción. Esa es la razón por la cual debemos hacer un esfuerzo para no dejarnos llevar por nuestros miedos y detenernos a observar la fuente de donde se originan para, así, contrarrestarlos.

Si comenzamos a vivir acorde a la realidad, sin tantas expectativas falsas ni proyecciones, poco a poco lograremos desmantelar la base misma de donde surgen los miedos aflictivos y demás aflicciones mentales. Así pues, una correcta comprensión de la realidad es fundamental para erradicar nuestros temores, como cuando después de haber pegado un brinco, volvemos a echar un vistazo y, al ver que no era más que una cuerda enrollada, respiramos aliviados o, mejor aún, ni siquiera nos sobresaltamos de inicio ya que desde el principio sabemos que es solo una soga.

LA PSICOLOGÍA BUDISTA Y EL ENTENDIMIENTO DE LA REALIDAD

En la psicología occidental una condición recurrente para tratar un miedo o trauma es descubrir qué evento dio origen al mismo. En algunos casos, como en el psicoanálisis, se pone un énfasis especial en descubrir qué episodio, muy posiblemente en la niñez, fue el que causó el trauma y, a partir de ahí, se comienza la terapia.

En la psicología budista también se busca encontrar la fuente de un miedo o trauma, pero más que hacerlo en el suceso externo que actuó como una condición para el desarrollo de la aflicción mental, se debe de hallar la raíz de esa aflicción, y esa está en la mente misma. Es verdad que un resentimiento o miedo pudo haber sido catalizado por algún evento, incluso en el pasado lejano, pero la propuesta de la psicología budista es que, al final del día, la perturbación viene de la propia mente y, por tanto, aunque uno no sepa específicamente qué fue lo que externamente causó esa aflicción mental, si se utilizan métodos para transformar la mente, el trauma se puede eliminar sin necesidad de conocer el evento que lo provocó, pues su origen fundamental no está en el suceso externo sino dentro de nosotros. Es como asear una casa: puedes hacerlo, aunque no sepas cómo fue que se ensució; si te enfocas en lo esencial, está sucia, y existen los medios para limpiarla.

El Buda decía que, en algunas ocasiones, querer buscar demasiadas respuestas puede desviarnos del objetivo final, y ponía el siguiente ejemplo de cuando uno es herido por una flecha envenenada. Es como si los familiares de la persona herida la llevaran a un cirujano para que extrajera la flecha y este dijera que no permitirá que se la saquen hasta no saber el empleo, datos de familia y complexión de la persona que la lanzó, así como el tipo de arco y el material del que estaba hecha la flecha... Esa persona moriría. Así que, aunque es verdad que es importante encontrar los orígenes de nuestras aflicciones mentales, no es necesario entrar en tantos detalles externos como cuándo, cómo, quién o qué causó que desarrolláramos una actitud agresiva, por ejemplo. El punto es que tenemos una aflicción mental, y, con entrenamiento en el cultivo de la paciencia y la compasión, se puede trascender.

Cuando estamos enfermos, podemos analizar durante días todos y cada uno de los detalles de lo que pudo haber causado el malestar o podemos comprender que, en general, fue el resultado de descuidar nuestro cuerpo y mente, y entonces, enfocarnos en el tratamiento y la prevención. Algunas fobias son casi incomprensibles, y es muy difícil saber su origen externo, pero, aun así, podemos contrarrestarlas si trabajamos con antídotos adecuados y cultivamos una mejor comprensión de la realidad y de nosotros mismos.

¿Cómo podemos, entonces, trabajar directamente con las causas fundamentales del sufrimiento? Para la psicología budista, la raíz de todas las aflicciones mentales y, por ende, del sufrimiento es la ignorancia, la cual debemos de entender aquí como una malinterpretación activa de la realidad. Esta es interdependiente; lo cual quiere decir que no hay nada que exista sin depender de algo más. No hay nada aislado, verdaderamente independiente; esa es la visión correcta de la realidad. La malinterpretación, entonces, es concebir una realidad fragmentada; a eso es a lo que se le llama «ignorancia» en su nivel más profundo.

La ignorancia no es el mero desconocimiento de la realidad sino una concepción directamente opuesta a la realidad. La psicología budista también dice que, aunque intelectualmente podamos comprender la realidad, otra cosa muy diferente es tener una experiencia acorde a ese entendimiento. Por ejemplo, podemos comprender intelectualmente las consecuencias de fumar, pero, aun así, seguir consumiendo tabaco. De la misma manera, aunque intelectualmente entendamos la realidad, hay una parte de nosotros que continúa experimentando un mundo fragmentado.

Cuando tomamos una flor en nuestra mano, lo único que vemos es una flor, realmente no experimentamos la interdependencia de la flor, no percibimos la semilla, el agua, el sol, la lluvia, el abono, la abeja ni todos los elementos que crean esa flor. Tampoco notamos que ese organismo es el mero conjunto de un tallo, hojas, raíz, pétalos, polen, pistilo y otros elementos que se reúnen en lo que llamamos «flor». Para nuestra mente, es como si existiera una flor en sí misma, independiente de todo eso, y, para el budismo, esto es la fuente de todo el sufrimiento.

¿Por qué concebir una realidad independiente es la causa de todo el sufrimiento? Porque, si experimentamos todo de esta manera, es lógico pensar que lo hacemos también con nosotros mismos: nos vemos como seres aislados, fragmentados del resto, nos olvidamos de que, en realidad, estamos interconectados, y así es como se experimenta el egoísmo del cual se derivan muchos problemas.

Creemos que hay un «yo» concreto al cual aferrarnos, pero si uno lo busca, ¿en dónde está ese «yo» fuera de ser algo meramente designado con base en el cuerpo y la mente? Todos los conflictos del mundo surgen por la concepción de que «yo y lo mío» es más importante que «los demás y lo que tenga que ver con los demás»; yo y mi religión, mi raza, mi país, mi familia, mi opinión, son más importantes que tú y tu religión, tu raza, tu país, tu familia y tu opinión. Otra manera de verlo es que, al estar centrados en nosotros mismos, sentimos que «yo y lo mío» es lo más importante y, de ahí, todo lo que alimente esa idea se convierte en objeto de apego y todo lo que la dañe en objeto de aversión. Así es como entramos al juego del aferramiento y el rechazo y nos involucramos en innumerables conductas que alimentan el ciclo del sufrimiento. Por ejemplo, al concebirnos de manera independiente, no experimentamos la interconectividad que tenemos con los demás y el entorno y, por ende, estamos demasiado enfocados en nosotros y lo nuestro. Entonces, se desarrollan actitudes como la avaricia, el despecho y la arrogancia que, a su vez, nos llevan a dañar a otros, física y verbalmente, y repercuten negativamente en los demás y en nosotros mismos.

De la ignorancia, el apego y la aversión, que son «Los tres venenos mentales» que mencionamos en el primer capítulo, se derivan todas las demás aflicciones mentales, incluidos los miedos aflictivos. Así pues, el miedo no es la raíz de las aflicciones mentales ni del sufrimiento, como muchos suponen; más bien, los miedos aflictivos surgen, como todas las demás aflicciones mentales, de la ignorancia. Nacen de la necesidad de aferrarse a la existencia de un «yo» permanente moldeado y recubierto con una infinidad de creencias que pueden ser muy subjetivas y arbitrarias pero que dan la sensación de una identidad concreta. El miedo a dejar de existir, lleva a apegarse a lo que se piensa y a lo que se siente, a lo que se considera que se es o a quien se pretende ser, a los grupos a los que se pertenece… como una manera de crear una realidad estable y duradera, y, aunque una identificación sana con algo o con alguien no tiene nada de malo, en muchos casos el temor a perder la identidad puede llevarnos a hacer de nuestra vida una prisión de ideologías.

Si logramos comprender profunda y correctamente la manera en que todo existe realmente, la estructura de las aflicciones mentales comenzará a derrumbarse. Comprender la realidad directamente, como una total experiencia y no de manera intelectual, es lo que en la práctica budista se busca, ya que este entendimiento directo y profundo se contrapone a la ignorancia. Si hacemos un esfuerzo por experimentar la interdependencia de todos los fenómenos, veremos cómo, poco a poco, muchas aflicciones mentales, los miedos que pertenecen a esta categoría incluidos, se irán desvaneciendo.

La psicología budista es muy diferente a la occidental, sobre todo por la propuesta de la posibilidad de, no solo de apaciguar las aflicciones mentales, sino de erradicarlas totalmente. Esto tiene que ver con la idea budista de que, al final del día, las aflicciones mentales no son parte de la naturaleza de la mente. Aun así, tanto la psicología budista como la occidental, comparten la propuesta de trabajar con las aflicciones mentales a través de antídotos que nos ayuden a apaciguarlas. Por ejemplo, al desarrollar paciencia, el enojo se pacifica, pero permanece latente; el enojo no se habrá erradicado, pero estará bajo control. Vamos a tratar de entender esto a través de un ejemplo: si ponemos tierra en una botella con agua limpia y la sacudimos, toda el agua se verá sucia y turbia, pero, al dejar de agitar la botella, la tierra se asentará en el fondo y podremos beber el agua limpia de la superficie. La tierra sigue ahí, pero temporalmente no nos afecta. Esto es similar a apaciguar las aflicciones mentales. El budismo, sin embargo, explica que, debido a que las aflicciones mentales no son parte de la naturaleza de la mente, se puede llevar a cabo un proceso mediante el cual es posible eliminarlas por completo y para siempre. Es como tomar el agua de la botella, filtrarla y purificarla para que esta regrese a su estado natural, totalmente libre de tierra y sin la posibilidad de que se ensucie de nuevo ya que se han erradicado las causas para ello. Esta segunda posibilidad, la de eliminar las aflicciones mentales por completo y para siempre, no es compartida con la visión de la psicología occidental.

Las aflicciones mentales no son el estado natural de la mente; si lo fueran, siempre estarían presentes. Si el enojo fuera parte de la naturaleza de la mente, donde hubiera mente tendría que haber enojo, de la misma manera en que el potencial de calentar y quemar, que son la naturaleza del fuego, lo acompañan siempre.

La psicología budista habla, entonces, de que, al cortar la raíz de las aflicciones mentales, al cortar la ignorancia, podemos deshacernos de todas ellas de una vez y sin posibilidades de que regresen, como cuando se arranca de raíz una planta venenosa, y donde no hay raíz, no puede volver a crecer una planta. Ver la posibilidad de eliminar los miedos aflictivos sin necesidad de saber específicamente qué suceso los originó, puede ser particularmente beneficioso para eliminar aquellos miedos incomprensibles de los cuales no sabemos su origen externo.

Una manera de comenzar a acercarnos a la correcta comprensión de la realidad, es tratar de ver cómo todo depende de algo más para existir y aplicar esa visión sobre todo en nosotros mismos para darnos cuenta de que todo el bienestar que tenemos, tanto externa como internamente, es gracias a los demás. Conforme este entendimiento se vaya profundizando, ya no nos sentiremos tan disociados de otros y del mundo en general, lo cual abrirá nuestro corazón y ampliará nuestra sabiduría, trayendo consigo muchos beneficios.

MIEDO AL CAMBIO Y A LO DESCONOCIDO

El cambio es natural; temerle es como tenerle miedo a la ley de la gravedad. Tener miedo al cambio hará que siempre vivamos con temor, ya que nuestro cuerpo, nuestra mente, las relaciones, el estatus, las experiencias, la vida misma cambian. Cada vez que vamos en contra de la realidad hay sufrimiento, mientras que cuando hay aceptación, nos liberamos de muchos miedos. Debemos de aprender a vivir y a experimentar acorde a la realidad, sin proyecciones ni expectativas imposibles. Por otro lado, como hemos explicado antes, cada vez que esperamos que la felicidad venga del exterior, nos aferramos y surge el miedo, nuestra mente se nubla esperando que las cosas no cambien, que no se terminen, para que no muera la proyección de felicidad que hemos puesto en ellas, pero eso es irreal, imposible y absurdo.

Aceptar que las cosas cambian es fundamental para encontrar paz en nuestra mente; el cambio abre las puertas al crecimiento, al entendimiento y al amor. Sin cambio, el sol no saldría ni las flores crecerían, no podríamos ver a nuestros hijos nacer ni a las aves surcar el cielo, ni siquiera podríamos estar aquí, pues, sin cambio, nada surgiría, nada existiría. El sufrimiento no surge porque las cosas cambien, sino porque nos aferramos a que no lo hagan.

Hay un refrán que versa: «Más vale malo por conocido, que bueno por conocer», y es verdad, muchos, a veces preferimos quedarnos en nuestra zona de confort que buscar algo distinto y el miedo nos ha impedido crecer en muchos aspectos de la vida. Escogemos quedarnos en nuestra cueva por temor a hacer algo si no estamos seguros del resultado, pero si nos esperamos a actuar hasta saber con certeza qué sucederá, jamás haremos nada.

* * *

Hace mucho tiempo en épocas de guerra, había un rey temido por todos que, cuando tomaba prisioneros, los llevaba a un salón donde, de un lado, había un grupo de arqueros y, del otro, una enorme puerta de hierro con figuras grabadas de cadáveres cubiertas de sangre. El rey les decía:

—Pueden elegir entre morir atravesados por las flechas de mis arqueros o atreverse a cruzar por esa puerta. Detrás de esa puerta, yo los estaré esperando.

Todos elegían morir en manos de los arqueros, les daba miedo pensar que su destino del otro lado de esa misteriosa puerta pudiera ser mucho peor. Al terminar la guerra, uno de los soldados del rey se dirigió al monarca y le dijo:

—Su alteza, ¿puedo preguntarle algo?

A lo que el rey respondió:

—Dime, soldado.

—¿Qué hay detrás de esa puerta?

—Ve y compruébalo por ti mismo —le dijo el rey.

El soldado, temblando de miedo, abrió poco a poco la puerta y, a medida que lo hacía, los rayos de sol entraban y esclarecían la escena. Con gran asombro, vio que la puerta llevaba a un camino que se alejaba del castillo. Entonces, el rey le explicó al soldado:

—Al otro lado estaba la libertad; yo les daba la opción de elegirla, pero nadie se atrevía a abrir la puerta.

MIEDO A PERDER NUESTRAS POSESIONES Y ESTATUS

Cada vez que equiparemos la felicidad con los bienes materiales, el estatus o el poder, surgirá el apego y, por ende, el miedo a perderlos. De hecho, el apego es una aflicción mental que nos hace sufrir antes, durante y después de tener algo. Supongamos que deseamos intensamente un objeto material, como un costoso reloj: vamos a sufrir antes de obtenerlo debido al ansia de querer poseerlo; al tenerlo, pues viviremos con miedo a perderlo, o frustrados al ver su desgaste; y finalmente, al separarnos de él por las expectativas de felicidad que habremos puesto en ese objeto y por nuestra incapacidad de aceptar su realidad efímera y carente de esencia.

Probablemente a lo que tenemos miedo es a no ser felices y, como vemos las causas de la felicidad en eventos, sensaciones, personas u objetos externos, surge el miedo a no obtenerlos o a perderlos. Sin embargo, desapegarnos de las cosas no quiere decir abandonarlas o descuidarlas, sino valorarlas en armonía con la realidad, sabiendo que las cosas cambian y no duran para siempre y que, al final, nuestra felicidad no depende de ellas. La felicidad no es el resultado de lo que externamente poseemos o de un estatus, sino de quiénes somos como seres humanos.

Así, también, debemos de aprender a ver el lado positivo de las cosas. Por ejemplo, el no tener auto tiene muchos beneficios: si hay mucho tráfico, podemos simplemente bajarnos del taxi o del transporte público y caminar, también podemos hacerlo si estos se descomponen en medio de una avenida, además, no nos preocuparemos de que nos roben algo que no poseemos. Leonardo Da Vinci dijo: «Aquel que más posee, más miedo tiene de perderlo».

Bajar de estatus puede ser de provecho; quizá tendremos menos presiones y posiblemente más tiempo para dedicarlo a nuestra familia o a meditar y podremos valorar las cosas simples de la vida. En realidad, nuestra calidad de vida podría mejorar, ya que tener menos posesiones y estatus podría significar tener menos preocupaciones. Debemos reflexionar acerca de nuestras prioridades en la vida sin dejarnos arrastrar por las demandas de la sociedad.

MIEDO AL FRACASO Y A LA DECEPCIÓN

Creo que normalmente tenemos miedo a fracasar porque, como hemos visto, ponemos nuestras expectativas de felicidad en eventos externos, en cierto éxito que, además, debe ser reconocido por los demás. Nuestra sociedad se ha encargado de vendernos la idea de que necesitamos triunfar en la vida y que, para ello, hay que obtener fama, fortuna, poder, una pareja, —o incluso varias—, así como una buena apariencia. Desde pequeños, crecemos con la noción de que debemos ser los mejores y ganarles a otros. Nuestros propios padres en casa, y los profesores en la escuela, nos inculcan y refuerzan esto en el deporte, las competencias, con las calificaciones... Nos dejamos llevar por la creencia de «la supervivencia del más fuerte» y entramos al juego de pasar por encima de los demás y evitar ser pisoteados por otros. De ahí surgen diversas aflicciones mentales como el miedo a ser vencido, la frustración y el enojo cuando perdemos, la envidia hacia los que ganan y la arrogancia cuando derrotamos a alguien, todo esto creado por nosotros mismos debido a una idea errónea acerca del éxito y la felicidad.

Claro que no tiene nada de malo competir e incluso querer ganar, pero cuando nos olvidamos de que al final del día lo más importante es vencer nuestros propios miedos y limitaciones y no a otros, creo que, aunque ganemos un proyecto, un evento deportivo o cualquier otra cosa externa, habremos perdido mucho en el proceso.

Michael Jordan, considerado por muchos como el mejor jugador de baloncesto de todos los tiempos, dijo: «Puedo aceptar el fracaso; todo el mundo falla en algo. Pero no puedo aceptar no intentarlo». Así pues, en lugar de entrar al interminable «juego de vencedor y vencido» y darle la espalda a nuestros sueños y valores por buscar ser reconocidos, deberíamos derrotar a nuestra propia visión autocentrada, la causa de todos los conflictos.

Considero que el miedo al fracaso radica en que estamos demasiado centrados en nosotros mismos y ponemos un exagerado énfasis en lo externo, por eso nos exigimos demasiado. Además, no creo que sea una buena idea darles a otros el poder de decidir si somos exitosos o no. Nadie triunfa en todo y nadie fracasa en todo y, ¿por qué deben ser otros quienes dictaminen qué implica triunfar en nuestra vida? Lo que debemos de lograr es descubrir qué disfrutamos hacer, poner nuestro mayor esfuerzo en ello, llevarlo a cabo con la mejor intención (que sea algo que busque beneficiar a los demás o cuando menos, que no los dañe), disfrutar el proceso y dejar de compararnos con los demás y de preocuparnos tanto por lo que otros piensen.

* * *

Tiempo atrás, en una región remota, se organizó una carrera de ranas. El objetivo era subir hasta lo alto de una gran torre. Se había reunido una enorme multitud de espectadores. La competencia comenzó. Muchas personas estaban presentes solo por curiosidad, pues realmente la mayoría no creía que las ranas pudieran subir hasta la cima de una torre tan alta, así que se escuchaba a los espectadores exclamar:

—¡Qué pena! Esas ranitas no lo van a lograr, no van a poder subir hasta lo alto de la torre.

Muchas ranas comenzaron a desistir, aunque una en particular continuaba subiendo con perseverancia mientras la multitud seguía gritando:

—¡No van a poder llegar, no lo conseguirán!

Las ranitas se iban quedando fuera de la carrera una por una, menos aquella, que permanecía serena y persistente en su búsqueda de la cima. Hacia el final de la carrera, todas renunciaron, menos ella, quien consiguió llegar a la meta. La gente estaba impresionada, no se explicaba cómo había podido llegar hasta la cúspide, así que corrió a felicitar a la ranita y a preguntarle cómo había logrado tal hazaña. Fue, entonces, que se dieron cuenta que era sorda.

* * *

Nos afecta demasiado lo que otros digan de nosotros, pero en la historia de la humanidad, no ha habido ningún ser que haya sido aceptado por todos. Incluso Jesús y Buda fueron criticados y rechazados por mucha gente y, para muchos, grandes santos como Milarepa eran el ejemplo perfecto de un perdedor en cuanto a lo que dicta la sociedad. Creo que reflexionar en esto ayuda mucho cuando nos enfrentamos ante el temor de fracasar o de decepcionar a alguien.

En los textos de entrenamiento mental del budismo se dice que a las personas comunes les agrada ser alabadas y les molesta ser criticadas, pero que a los grandes seres les sucede exactamente al revés: les desagrada ser alabados y les agrada ser criticados.

Esto es porque ellos ven en la alabanza la posibilidad de desarrollar orgullo; y en la crítica, la oportunidad de reconocer sus faltas y crecer. Estoy convencido de que, si nos enfocamos en ser mejores seres humanos y en mostrar la mejor de nuestras actitudes en las tareas que llevemos a cabo sin esperar ganar siempre o ser aceptados o reconocidos por todos, podremos vivir en tranquilidad y con un sentido de plenitud independientemente de lo que los demás opinen o esperen de nosotros.

Muchos de nuestros miedos no son más que el temor de perder la imagen que nos hemos comprado y, a su vez, les hemos querido vender a otros durante mucho tiempo. Por eso fracasar, en ocasiones, puede ser un gran aliado. Henry Ford dijo: «El único verdadero fracaso es aquel del que no aprendemos nada».

MIEDO A LA SOLEDAD Y AL RECHAZO

Creo que el miedo a la soledad desde cierto punto de vista tiene sentido, pues obedece a un mecanismo de protección ya que, en épocas antiguas, quedar separado del grupo durante una salida a buscar alimento digamos, implicaba un riesgo enorme. También pienso que es natural el querer pertenecer a un grupo, es parte de una búsqueda sana de bienestar. Sin embargo, hay una gran diferencia entre la necesidad sana de vincularnos con otros seres humanos —e incluso con los animales— y el temor a la soledad basado en una excesiva preocupación por uno mismo.

¿Por qué los auténticos practicantes espirituales no se sienten solos? Simple: porque no están centrados en sí mismos sino en los demás. Aunque por ahora, no logremos ser como estos maravillosos seres humanos que se han abandonado totalmente para servir a otros, en la medida en que estemos menos enfocados en nosotros mismos y más en los demás, definitivamente nos podremos liberar de muchos miedos. Al expandir nuestro corazón a los otros, siendo más bondadosos y pacientes, crearemos una atmósfera de paz interior y dejaremos de sentir que el mundo gira a nuestro alrededor, ya no estaremos preocupados por la alabanza o la crítica, por si nos atienden o no, por si nos rechazan o no. San Francisco de Asís dijo: «Oh, Divino Maestro, concédeme que no busque ser consolado sino consolar, ser comprendido sino comprender, ser amado sino amar…». En la tradición budista, Shantideva expresa su aspiración de beneficiar a los demás de una manera muy hermosa y comprometida:

«Mientras permanezca el espacio,
mientras permanezcan los seres,
que yo también permanezca
para eliminar el sufrimiento de los seres».

¿Por qué entonces tenemos miedo a estar solos? En ocasiones por pensar en quedarnos sin alguien que nos cuide, nos comprenda, nos escuche, nos ame… pero eso suena un poco como ser el centro de atención, ¿no es verdad? Por eso, encuentro muy difícil imaginar a San Francisco o a Shantideva teniendo miedo a estar solos. Una persona compasiva jamás se sentirá sola, aunque viva como ermitaña en una cueva, mientras que una persona centrada en sí misma podrá sentir una profunda soledad recorriendo las concurridas calles del centro de una ciudad. Por ello, la manera más profunda y efectiva de trascender el miedo a estar solos es liberarnos del egocentrismo.

Nuestro miedo a estar solos es tal que buscamos constantemente estar distraídos en actividades externas para no tener que afrontarnos a nosotros mismos: visitamos centros comerciales, ponemos música o la radio, incluso prendemos la televisión, aunque no estemos viéndola con tal de escuchar voces, de percibir compañía. Lo mismo sucede hoy en día con las redes sociales. Hace poco escuché de una persona que tenía alrededor de doce mil seguidores virtuales en las redes sociales pero el día de su funeral nadie estuvo presente. También oí a alguien decir que las redes sociales en muchas ocasiones acercan a los que están lejos, pero alejan a los que están cerca. Esto es muy cierto. ¿Cuántas veces no hemos visto a parejas, padres e hijos o amigos, sentados uno al lado del otro, cada uno inmerso en su celular? Buscamos un alivio a nuestra soledad en páginas y grupos de internet, en hacer «amigos» en Facebook, pero esto, en lugar de solucionar nuestro problema de soledad, solo hace que esta permanezca con nosotros como un acompañante silencioso que, aunque ignorado, nos causa mucho sufrimiento. Como menciona Jean Paul Sartre: «Si te sientes en soledad cuando estás solo, estás en mala compañía».

La mejor manera de eliminar el sentimiento de soledad no es saliendo a un centro comercial, prendiendo la televisión o mandando y aceptando solicitudes de amistad en Facebook, sino dejando de voltear tanto hacia nosotros y pensando más en los demás. Si en lugar de ir a una tienda fuéramos a un albergue a ofrecer servicio, si en vez de meternos a Facebook para tratar de hacer amigos contactáramos más con nuestro interior, si por encima de querer ser el centro de atención dirigiéramos nuestro interés hacia otros, definitivamente lograríamos aliviar el sentimiento de soledad, ya que estaríamos conectados con los demás todo el tiempo desde nuestro corazón. Sentirse solo no tiene nada que ver con la cantidad de seres con los que nos relacionamos, sino con qué tan centrados estamos en nosotros mismos.

MIEDO A SER LASTIMADOS

Como habíamos mencionado al inicio de este libro, es natural en todas las especies buscar bienestar y querer escapar del sufrimiento, es nuestro instinto fundamental. El miedo a ser lastimados es algo hasta cierto punto entendible pues obedece a este deseo básico. Sin embargo, y como ya vimos, una cosa es un miedo a ser lastimados que forma parte de un instinto válido de protección, como cuando percibimos un posible ataque de un animal ponzoñoso, un desastre natural o una persona con intenciones dañinas; y otra, es un miedo a ser lastimados emocionalmente que está en gran parte basado en una visión autocentrada.

También anteriormente, hablábamos de que al estar demasiado enfocados en nosotros mismos se generan muchos miedos y es claro que, mientras nos sigamos percibiendo como el centro de todo, tendremos constantemente miedo a ser lastimados emocionalmente. Esto es normal debido a que el énfasis está en nosotros y no en los demás. Cuando el mundo ya no gira a nuestro alrededor, muchos miedos y aflicciones mentales como el resentimiento y el despecho se disipan, ya que dejamos de tomarnos las cosas de manera personal y de esperar recompensa por nuestros actos. Dicho de otra manera, al dejar de ser el centro de todo, nuestro ego ya no se ve afectado fácilmente.

Una de las grandes lecciones de la vida es que, entre más nos aferramos a ser felices, menos lo conseguimos, ya que nos centramos en nosotros mismos. Mientras que, cuando abrimos nuestro corazón a otros y, por tanto, nuestro énfasis no está únicamente en nosotros y algunos seres que nos son cercanos sino en todos los seres, la mente también se abre y eso trae beneficio a otros y principalmente a nosotros mismos.

La gran bendición que proviene del cultivo de la compasión es que, al trabajar para ayudar a que los demás no experimenten sufrimiento, el propio comienza a disminuir. Debemos tener claro que el egoísmo es una especie de mal consejero porque todo el tiempo nos está tratando de decir que nosotros somos los más importantes y que debemos de ver antes por nuestro beneficio. Eso tiene la intención de ayudarnos, claro, pero al final, lo único que nos causa son problemas.

El antídoto contra este tipo de miedo está basado, entonces, en ese cambio de perspectiva que hemos mencionado anteriormente. Es algo muy simple, aunque no necesariamente sencillo de poner en práctica. Se trata de dejar de enfocarnos tanto en nosotros mismos. Para lograr eso, debemos de expandir la semilla de la compasión que habita en nosotros, comenzando con nuestros seres queridos hasta abarcar a todos los seres.

Por otro lado, si bien el amor es causa de un gran bienestar, creo que la manera en que se interpreta en muchos casos en occidente es muy distinta a lo que se entiende por «amor» en el budismo y otras grandes tradiciones espirituales. No solo se interpreta erróneamente como «amor romántico» sino como el hecho de que implica recibirlo, no necesariamente darlo.

Deseamos encontrar a esa persona especial que nos ame y ponemos nuestra expectativa de felicidad en ello, pero esto es ridículo ya que, aunque una, dos o cien personas nos amen, si nosotros mismos no trabajamos con nuestras emociones, no hay manera de que eso se convierta en causa de bienestar interior. Así que, aunque coincido en que la causa de mucho gozo y felicidad radica en el amor, específicamente, es en darlo y no en recibirlo. Por eso, si desarrollamos este sentimiento hacia otros en nuestro corazón de manera desinteresada: el verdadero amor, que es el deseo y las acciones que buscan llevar bienestar a los demás, no tendremos tanto miedo a ser lastimados emocionalmente.

Técnicamente nadie puede hacernos sufrir, como ya hemos mencionado; la felicidad y el sufrimiento no dependen de lo que nos pasa sino de cómo reaccionamos a ello. Realmente lo que nos hace sufrir no son las actitudes de los demás sino las aflicciones mentales que surgen en nosotros a partir de las acciones de otros, lo cual es muy diferente. Lo voy a tratar de explicar: si alguien nos dice «perro», muchos de nosotros podemos sentirnos lastimados, pero, si lo analizamos bien, ¿qué es lo que nos hizo sufrir? ¿Fue la intención, la palabra o el significado de esta? Si fuera la intención, por el simple hecho de que alguien tuviera una intención dañina hacia nosotros, aunque no dijera ni hiciera nada, tendríamos que sufrir por ello. Si es la palabra lo que nos lastima, podríamos decírsela a un extranjero que no hablara nuestro idioma y habría de dañarlo. Así que, si el daño no viene de la mera intención ni de la palabra, ¿es, entonces, del significado de dónde proviene? Un perro es definido por muchos como un ser fiel, inteligente, amoroso, admirado por su capacidad de perdonar y su manera de disfrutar de las cosas simples de la vida, así que es difícil pensar que lo que nos lastima sea el significado.

¿De dónde se origina el sufrimiento, entonces? Del significado que nosotros nos compramos y de la manera en que reaccionamos. Esto no quiere decir que se trate de ser como robots a los que nada les afecte o de permitir que otros nos agredan, sino de que tengamos la capacidad de elegir y regular nuestras emociones para reaccionar de una manera adecuada y no impulsados por nuestros instintos y aflicciones mentales. Hemos de saber poner límites y no permitir que los demás nos lastimen, eso es obvio, pero podemos defendernos sin la necesidad de sentir aversión ni deseo de vengarnos. Así que, con entrenamiento mental, aunque no lograremos controlar lo que nos suceda, sí seremos capaces de decidir cómo reaccionar, por lo que nadie podrá herirnos emocional o psicológicamente.

Para que otros no nos lastimen, no necesariamente debemos alejarnos físicamente y volvernos retraídos o temerosos de interactuar con los demás, sino más bien desarrollar una templanza interior que nos permita defendernos, pero sin que nuestro ego se sienta herido. Lo que para uno representa una causa de sufrimiento, para otro puede ser una gran oportunidad de crecimiento. Anteriormente mencionamos que hay daños y problemas muy complicados, pero, también, que existen grados muy profundos de entrenamiento. Así que, aunque las dificultades en la vida son inevitables, el sufrimiento mental que las acompaña depende del nivel de entrenamiento mental que uno posea y no del evento en sí.

Hay muchos casos a lo largo de la historia de seres humanos que han experimentado situaciones muy graves, pero que han sabido crecer con base en ellas, y eso es algo que todos podemos lograr. Las historias de personas como Malala Yousafzai o Nelson Mandela son de gran inspiración.

MIEDO A SEPARARNOS DE ALGUIEN

¿Por qué tenemos miedo de perder a alguien? En ocasiones, porque percibimos que ese ser es quien nos cuida, nos ama, nos hace sentir importantes y felices. Y, como no queremos perder lo que nos da bienestar, nos aferramos a esa persona, y, de ahí, se derivan todo tipo de miedos y otras aflicciones mentales, como la ansiedad y los celos. Ahora, es importante dejar en claro que es natural el no querer separarnos de nuestros seres queridos, y eso no significa que solo estemos pensando en nosotros. El amor normalmente va acompañado de algo de apego y no hay un gran problema con eso si se mantiene en un nivel sano, pero de lo que estamos hablando aquí es de cuando el apego toma el control en nuestra relación.

En la segunda definición de «miedo» que da el Diccionario de la lengua española, se expone: «recelo o aprensión que alguien tiene de que le suceda algo contrario a lo que desea». Constantemente queremos que nos suceda lo que deseamos y que no nos pase nada que no queremos. Parece muy obvio, claro, pero la verdad es que son deseos totalmente irreales. Es imposible que siempre nos suceda lo que queremos y que nunca nos pase lo que no deseamos. Y, peor aún, jugamos nuestra apuesta de felicidad en ello y, por eso, constantemente estamos tratando de controlar el mundo. Pero si intentáramos controlar una sola cosa, nuestra mente, podríamos tener paz y armonía independientemente de lo que vaya y venga.

Si pudiéramos ver claramente que nuestra felicidad no está en una persona sino en la manera en que interactuamos con ese individuo, eso haría una gran diferencia. En una relación, la felicidad que se puede experimentar no es por la mera presencia de ese ser sino, más bien, por los valores que pueden surgir de esa relación. Muchas mamás dicen: «Mis hijos son mi felicidad» y, aunque es de hecho, una expresión hermosa, si la analizamos bien, es un tanto incongruente. Si los hijos en sí mismos fueran la felicidad de una madre, querría decir que, desde el momento en que ella quedara embarazada, si sus hijos le sobreviven, debería ser feliz por el resto de su vida. Independientemente de cualquier cosa que se presentara, sería feliz por el simple hecho de que tiene hijos. Pero estoy de acuerdo en que podemos usar esa frase entendiéndola como: «Mis hijos me ayudan a desarrollar valores como el amor, la generosidad y la paciencia, que son causas de la felicidad». En el caso de una relación de pareja, es lo mismo: una pareja te puede ayudar a crecer mucho espiritualmente y, de ahí, que podrías correctamente decir: «Esa persona me hace feliz», en el sentido de que con esa persona puedes desarrollar causas para la felicidad, pero entenderlo desde la perspectiva de que por el simple hecho de que ese individuo esté contigo eres feliz, sería algo complicado.

Esta manera de verlo, se me hace muy sana pues, al mismo tiempo que reconoces el valor de ese ser humano en tu experiencia de felicidad, sabes que esta no proviene de esa persona en sí, sino de lo que se desarrolla en tu interior al convivir con ese individuo. En occidente, se confunde mucho el apego con el amor. Por ello, se piensa que sufrir por amor no solo es algo válido, sino fundamental cuando hay cariño. En el budismo, el amor se refiere tanto al deseo de que los demás sean felices como a las acciones que sinceramente buscan ayudar a que así sea; es una virtud que trae paz interior. El apego, por su parte, es una aflicción mental causada por una serie de malinterpretaciones de la realidad y causa sufrimiento. Como ya mencioné, claro que es normal que en una relación haya un cierto grado de apego, pero, al menos, tratemos de asegurarnos de que lo que estemos sintiendo sea más amor auténtico que apego. De esa manera, la forma de relacionarnos con los demás será más sana y no causará tanto sufrimiento.

En el texto llamado *Base de la disciplina* encontramos la siguiente afirmación de Buda: «Lo que se acumula termina consumiéndose, lo que se eleva termina descendiendo, lo que se junta termina separándose, lo que vive termina muriendo». Si reflexionamos esto y lo aceptamos con todo nuestro ser, en lugar de volvernos pesimistas o melancólicos, podremos valorar más las cosas, a los demás y las experiencias vividas, e incluso, disfrutaremos más de la vida.

En occidente comúnmente se malentiende el concepto de «desapego», que es tan importante en la psicología budista. Mucha gente entiende el «desapego» como alejarnos de los demás o de las cosas, deshacernos de ellas, no valorarlas o ser un tanto indiferentes. Esto no puede estar más alejado del significado real en la tradición budista. Como mencionamos en un capítulo anterior, desapegarse no es descuidar las cosas sino, más bien, cuidarlas acorde a la realidad, es valorar nuestras posesiones y relaciones, pero sabiendo que, nuestra felicidad, no radica ahí; que nada de ello durará para siempre, dejar de imputar cualidades que no están presentes o exagerar las ya existentes y no estar tan centrado en uno mismo. Al final del día, un auto, por más costoso que sea, sirve para transportarte, y una persona, por mejor ser humano que sea, no puede darte la felicidad. El propio Buda dijo: «Los Tathágatas (Budas) únicamente enseñan, ustedes deben de esforzarse». Es decir, Buda no nos da la felicidad, sino que nos muestra el camino para llegar a ella. Por otra parte, el entendimiento y la práctica correcta del desapego, en lugar de alejarte más de otros, te acerca a ellos. Si tomo el caso de la relación con mi padre, por ejemplo, es el hecho de saber que no estaremos juntos por siempre, lo que me hace valorarlo y cuidarlo más, no lo opuesto.

Recordemos que muchas personas ven el miedo como el origen de las aflicciones mentales, pero, en realidad, el miedo aflictivo es un resultado o extensión de estas. Cuando ponemos nuestra expectativa de felicidad en aspectos externos como personas, objetos, prestigio, poder y demás, nos aferramos a ellos y, de ahí, surge el miedo a perderlos. Así que a la pregunta «¿Qué fue primero, el apego o el miedo?», yo diría que el apego, aunque después, claro, se torna en un círculo vicioso en el cual se alimentan uno a otro. Por ello, una forma de perder el miedo es eliminando el apego. Recordemos que desapegarnos de algo se refiere a trabajar con estos cuatro puntos:

1. No poner nuestra apuesta de felicidad en nada ni en nadie más que en nuestras propias virtudes.
2. Aceptar la realidad cambiante.
3. No imputar cualidades que no existen ni exagerar las presentes.
4. Dejar de estar tan centrado en uno mismo.

MIEDO A ENVEJECER

Como hemos visto, muchos de nuestros miedos están basados en una idea errónea de lo que es la felicidad y lo que nos lleva a obtenerla. A partir de esto, sacamos conclusiones sin sentido como: «Ser joven es la felicidad». Y, si ser joven implica ser feliz, envejecer significa, por tanto, sufrimiento. Y, como nos da miedo sufrir, nos dará miedo envejecer. Es una ecuación simple. Pero lo curioso es que, si las causas de la felicidad, entendiéndose como bienestar interior o paz mental, son los valores interiores como el amor, la compasión, la ética y la paciencia, y uno se está familiarizando constantemente con ellos, ¿no se supone que entre más pase el tiempo más paz y tranquilidad debería uno tener, más feliz tendría que ser? ¿Por qué, entonces, tenemos miedo a envejecer?

Durante mucho tiempo hemos creído que ser joven tiene que ver con ser feliz y que envejecer implica sufrir. Nuestra sociedad, en gran medida, ha colaborado con esta idea. Los anuncios publicitarios de viajes y hoteles, al igual que los de ropa, perfumes, etc., nos muestran gente joven como una proyección del éxito y la felicidad. Muchas de las cosas que la gente asocia con el bienestar, tienen que ver con ser joven y, si uno se guía por todo esto, pareciera verdad que envejecer significa ser menos feliz. Pero esto es una ilusión, una que hemos adquirido a un alto precio: el de vivir con temor ante algo inevitable.

Ingmar Bergman, el director de teatro y cine sueco, da una buena descripción de lo que implica envejecer para alguien que está desarrollando valores en su vida: «Envejecer es como escalar una gran montaña: mientras se sube las fuerzas disminuyen, pero la mirada es más libre, la vista más amplia y serena». Al envejecer, podremos tener algunos achaques físicos producto de la edad, pero contaremos con una mente totalmente apacible.

Gueshe Namgyal Wangchen La, quien ya dejó su cuerpo físico, fue uno de mis Maestros en Drepung Loseling, el monasterio al sur de la India donde estudié filosofía budista. Gueshe Wangchen La, uno de los grandes académicos y meditadores de Drepung, era alguien muy reconocido por su profundo entendimiento en todos los ámbitos del conocimiento budista y, además, por ser un extraordinario adepto, un ser lleno de sabiduría y compasión. Debido a sus cualidades, Su Santidad el Dalai Lama le pidió hace algunos años, ser el Maestro del joven Ling Rinpoché, quien es la reencarnación del propio Maestro del Dalai Lama.

Gueshe Wangchen La, en muchas ocasiones, tuvo la amabilidad de verme en privado para resolver las numerosas preguntas, tanto filosóficas como de mi propia práctica, que me surgían durante mis años de estudio. Al recibirme amablemente en su habitación, él se sentaba en su cama y yo, en la alfombra. Su cuarto era sencillo, pero muy hermoso, y uno sentía que una paz lo envolvía al estar en la presencia de tan maravilloso ser. Recuerdo como si hubiera sido ayer su mirada llena de bondad, y a él tomando su rosario budista de grandes cuentas, que pasaba mientras, de vez en vez, miraba hacia arriba para encontrar la respuesta adecuada a mis cuestionamientos. Al hablar, lo hacía de manera apacible y pausada. En su cuarto, en ocasiones los rayos del sol se colaban suavemente por entre las cortinas, al mismo tiempo que el incienso resaltaba aún más los haces de luz. Su hermoso altar de madera y el sonido de algunas aves fuera de su habitación, daban a esas sesiones una atmósfera muy especial.

Gueshe Wangchen La, sentado en su cama, viéndome con una total compasión e irradiando sabiduría, completamente sereno, en paz y armonía con todo y con todos, es, para mí, la descripción perfecta de alguien plenamente feliz. Mi Maestro tenía, en ese entonces, cerca de ochenta años.

Marco Tulio Cicerón, orador, político, filósofo y escritor romano, dijo: «Los hombres son como los vinos: la edad agría los malos y mejora los buenos».

Podemos ver que el miedo a envejecer también está asociado a la idea, consciente o inconsciente, de que por envejecer estamos más cerca de morir. Acorde al budismo, envejecer es la maduración y constante transformación del cuerpo y los distintos tipos de mentes con las que experimentamos el mundo, así que, incluso durante las etapas de gestación en el vientre materno, ya estamos envejeciendo y en cualquier momento a partir de ahí podríamos morir.

Esta visión acerca de la vejez y de la incertidumbre del momento de la muerte puede ayudarnos a ver que envejecer no es algo desafortunado que nos sucede en algún momento, sino que es parte del proceso natural de nuestro cuerpo y diversas mentes y que todos, independientemente de nuestra edad, podríamos morir en cualquier instante. Por tanto, deberíamos de vivir cada momento de la mejor manera en lugar de hacerlo afligidos por el paso del tiempo.

MIEDO AL DETERIORO DEL CUERPO, A LA ENFERMEDAD Y AL DOLOR FÍSICO

Tenemos miedo a no ser felices, a sufrir, y, por tanto, a todo lo que relacionemos con el dolor, la pérdida y el desagrado. De hecho, la razón por la cual tenemos tantos miedos es justamente porque hemos desarrollado cientos de proyecciones falsas de felicidad en elementos externos, y cada uno de estos da origen a un miedo que representa nuestro temor a perder la felicidad. Como hemos mencionado a lo largo de este libro, uno de los pasos más importantes para eliminar el miedo es dejar de proyectar nuestra felicidad en elementos externos, es decir, en cualquier cosa que no sea la mente, incluido nuestro propio cuerpo.

También, es fundamental que aprendamos a diferenciar el dolor del sufrimiento. Podríamos decir que, en general, la enfermedad y el dolor físico pueden ser llamados «sufrimiento», pero cabe mencionar que son considerados así porque en una mente no entrenada, causan angustia. Sin embargo, experimentar una enfermedad o dolor físico, puede utilizarse como una plataforma para el crecimiento personal y, desde esa perspectiva, no tiene por qué considerarse sufrimiento; estos pueden ser grandes maestros que nos ayuden a comprender y aceptar la realidad. Si logramos experimentar el dolor o la enfermedad sin que aflicciones mentales acompañen la vivencia, no habrá sufrimiento en este sentido. Dicho de otra manera, sentiremos las molestias físicas de la enfermedad y el dolor, pero sin que nuestra mente se perturbe. Esto definitivamente es posible.

Creo que, en gran medida, la razón por la cual nuestro cuerpo se vuelve un objeto de culto, es porque consciente o inconscientemente creemos que somos el cuerpo. Sufrimos enormemente cuando a este le pasa algo, debido a la proyección errónea que nos hace sentir que somos el cuerpo. Pero, si así fuera, ¿por qué decimos cosas como «me duele mi mano»? Si fuéramos el cuerpo, ¿no tendríamos que ser la mano también? No habría porqué usar el posesivo. Si nos falta una parte del cuerpo, ¿quiere decir que somos menos persona? Si el cuerpo y la persona fuera lo mismo, tendría que ser así, pero no hace sentido. Entonces, ¿«somos» o «tenemos» cuerpo? Creo que, si lo investigamos, cada uno de nosotros podrá hallar una respuesta con base en nuestras creencias o, incluso, a través de la lógica. En lo personal, encuentro muy difícil sostener la idea de que el ser y su cuerpo son lo mismo. Y, si no lo son, tras una repetida reflexión, lograremos ir subyugando la fijación con el cuerpo, así como el ansia que provoca.

Claro que es muy importante cuidar nuestro cuerpo físico, no hay duda acerca de ello. Pero una cosa es cuidarlo; y otra muy diferente es obsesionarnos con este. Creo que aquí hay otro ejemplo de una ecuación mal planteada y aflictiva: si uno está obsesionado consigo mismo y cree ser el cuerpo, como resultado se obsesionará con este. Es curioso que nos centremos tanto en el «yo» pero que ni siquiera nos detengamos a pensar qué es o dónde está.

Para los académicos y meditadores budistas este ha sido un tema de investigación por siglos, e incluso hay diferencias entre las diversas escuelas filosóficas budistas en cuanto a qué exactamente constituye el ser. Una de estas escuelas, llamada Prasangika Madhyamaka, la cual para muchos refleja el pensamiento último del Buda, plantea que el ser humano no es más que una mera imputación sobre la base de los agregados físicos y mentales de un humano; es decir, que fuera del nombre que se le da al conjunto del cuerpo y la mente de un humano, no es posible encontrar al ser humano como una entidad independiente. Si cortas el hilo que une las cuentas de un rosario y colocas todos los elementos diseminados sobre una mesa, no podrás hallar el rosario ni en el hilo ni en las cuentas por separado, pero tampoco lo verás como algo independiente de ellos, como si el rosario siguiera existiendo después de haberlo desarmado. El «rosario», entonces, no es más que una etiqueta que se le atribuye al conjunto de cuentas unidas por un hilo en una forma en particular, pero más allá de eso no hay un rosario que sea una entidad con una existencia propia.

Al hacer una investigación similar con el «yo», se podrá caer en la cuenta de que este no es la mente, ni el cuerpo, ni ambos, pero tampoco algo totalmente separado de ellos. De lo anterior se concluye que existe «meramente como una imputación». Esto es algo muy profundo con muchas implicaciones clave en el desarrollo espiritual. Aquí el beneficio es que, al entender que no somos el cuerpo, lo cuidaremos, pues estamos vinculados de una forma especial a este, pero no nos obsesionaremos con él ni nos afligiremos tanto cuando se deteriore. Es muy triste ver cómo la gente se deprime conforme su cuerpo envejece o se deteriora de alguna manera. Hemos llegado al extremo de olvidarnos por completo que ser feliz no depende de nuestras posesiones materiales, estatus, fama, poder o apariencia física, sino de quiénes somos como personas.

Es natural que no nos agrade el dolor (infringirlo voluntariamente me parece un signo de cierto desequilibrio emocional). Igualmente, a nadie le gusta enfermarse (con algunas excepciones como cuando se es pequeño y tener gripa puede significar no tener que ir a la escuela si no se tienen ganas de asistir), pero el punto es que, aunque no nos gusta experimentar dolor físico o enfermarnos, es una realidad que es parte de la vida. Con entrenamiento mental, no solo podemos lograr que estas experiencias no nos afecten, sino utilizarlas para nuestra propia transformación. La meditación de Atención Plena, que abordaremos con más detalle en un capítulo posterior, puede ser de mucha ayuda para contrarrestar el dolor, al relajar el cuerpo y enfocarnos en otro elemento como la sensación de la respiración al inhalar y exhalar.

La aceptación es otro elemento importante para eliminar miedos relacionados con la enfermedad y el dolor. Muchas veces, cuando pasamos por una situación difícil, surge el típico cuestionamiento de «¿Por qué a mí?». Nos sentimos aislados en nuestra vivencia y nos olvidamos que la enfermedad, el dolor físico y la separación son situaciones naturales que todos los seres humanos experimentamos. El simple hecho de aceptar la realidad puede ser de gran ayuda.

Sin embargo, la práctica más profunda para apaciguar y transformar el dolor y cualquier otra adversidad, es el desarrollo de la compasión. Permitir que nuestro dolor se vuelva el catalizador para empatizar con otros e, incluso, desear tomar el sufrimiento de los demás a través de nuestro propio dolor, es algo muy profundo. Se requiere práctica, claro, pero espiritualmente hablando, es lo más elevado.

En enero de 2002, se tuvo que cancelar un evento masivo en Bodhgaya, India, en el que Su Santidad el Dalai Lama conferiría la iniciación de una Deidad llamada Kalachakra, debido a que Su Santidad mostró signos de no sentirse bien. Él mismo relata que cuando lo llevaban en el auto para su revisión, sentía dolor en el estómago, pero al ver a la gente en la calle, especialmente a un anciano que estaba en no muy buenas condiciones, toda su atención se fue hacia las personas que estaban en la avenida, al grado que terminó olvidándose de su propio dolor. Como la compasión nos hace voltear hacia otros, nuestro propio dolor puede pasar a segundo plano. De esta manera, transformamos las adversidades en el camino al crecimiento espiritual.

MIEDO A MORIR

Miedos como el miedo a morir o a que otros mueran, son enterrados en lo más profundo de nosotros; los negamos, no nos hacemos cargo de ellos, los silenciamos y esperamos inocentemente que, por no pensar en la muerte, esta no llegue jamás, como si fuera una maldición que pudiéramos evitar al pretender que no existe. Somos como un niño que se cubre los ojos para no ser visto. Pero los miedos están ahí y crecen como monstruos que cobran fuerza día a día, alimentados por el transcurso del tiempo. Continuamos maquillándolos con la esperanza de que no se noten y esperamos que, mientras no se hable del tema, todo esté bien. Pero el hecho de no hablar de la muerte, no ha logrado alejarla de la vida de nadie y no lo hará de la nuestra. Al negarla, solo sucederá que, cuando llegue el momento de morir, no estaremos preparados para partir ni sabremos cómo afrontar las pérdidas.

Es probable que el miedo a la muerte hoy en día sea mayor y más perturbador que en épocas antiguas. Los avances en medicina, higiene y desarrollo material, han causado una falsa imagen de inmortalidad en la era moderna. Antes era más normal aceptar la muerte como algo natural. Incluso en algunas comunidades apartadas sigue siendo así; es más fácil que se acepte como parte de la vida y que se cuente con alguna creencia que permita a los habitantes tener un mejor entendimiento y, por lo tanto, aceptación del proceso. Aunque no creo que sea indispensable pertenecer a una tradición espiritual en particular para contar con herramientas que nos permitan aceptar la realidad y estar preparados para el momento de morir, creo que sí es necesario abordar el tema y trabajar con nuestros miedos. El mero acto de negar la muerte, jamás traerá como resultado una transición pacífica al momento de partir, de la misma forma que el negar una enfermedad no nos sanará ni dará consuelo auténtico. La aceptación es crucial para liberarnos de muchos miedos.

* * *

En la época de Buda, había una mujer llamada Kisa Gotami quien, poco tiempo después de casarse, tuvo un hermoso bebé al que ella adoraba. Un día, cuando apenas estaba aprendiendo a caminar, el pequeño cayó gravemente enfermo y murió. Gotami estaba devastada y, en su desesperación, tomó el cuerpo de su hijo en sus brazos y comenzó a vagar por las calles pidiendo ayuda, rogaba a la gente por algún remedio que pudiera regresarle la vida al niño. Un hombre amable, al ver su situación, le dijo que, si alguien podía ayudarla, era el Buda.

Cuando el Buda vio a Kisa Gotami, se dio cuenta de que estaba demasiado perturbada para escuchar sus enseñanzas, así que ideó un plan: le dijo que podía regresarle la vida a su hijo pero que, para ello, necesitaba preparar una pócima que requería de una semilla de mostaza y le pidió que fuera a conseguirla, pero advirtió: «La semilla debe de provenir de un hogar donde nunca haya habido una muerte. Si me la traes, tu hijo vivirá».

Gotami se sintió aliviada al pensar que lo único que necesitaba para volver a tener a su hijo con vida era conseguir dicha semilla y se apresuró a buscarla. Llena de esperanza, tocó en una casa para pedir la semilla, pero, al mencionar que nadie debía de haber muerto en esa familia, no fueron capaces de dársela. Lo mismo sucedió en la siguiente casa y en todos los hogares en los que llamó a la puerta. Finalmente, Gotami entendió que no estaba sola en su pérdida, que todos la experimentaban al igual que ella.

Kisa Gotami dispuso del cuerpo de su hijo acorde a la tradición y fue a ver al Buda para decirle lo que había comprendido, a lo que el Buda contestó: «Ahora has entendido que no eres solo tú quien ha perdido a un hijo. La muerte le llega a todos los seres, pues la naturaleza de las cosas es fugaz y transitoria».

* * *

Puede haber muchos miedos alrededor de la muerte, pero siento que el principal es el temor a dejar de existir y, en el caso de que algún ser querido muera, el miedo a que desaparezca para siempre. Thich Nhat Hanh en su libro *No death, no fear*, menciona: «Nuestro mayor miedo es que cuando muramos nos convirtamos en nada».

El tener una tradición espiritual que contenga en sus creencias la idea de que la muerte no es el fin de la existencia, podría ayudarnos en gran medida a perder este tipo de miedo. El tener certeza de que al morir iremos al cielo o tomaremos un próximo renacimiento, puede ser de mucho beneficio para perder el temor a dejar de existir. Por otro lado, abrazar el cambio y darnos cuenta de que en realidad nada existe para después dejar de existir, puede traer una total transformación a nuestra forma de ver y experimentar la vida y la muerte, además de ser una causa muy importante para eliminar este miedo. En ese mismo libro, Thich Nhat Hanh también dice: «Cuando una nube se transforma en lluvia, puedes mirar la lluvia y ver que la nube aún se encuentra ahí, riendo y sonriéndote». Es muy cierto que nada puede pasar de ser a no ser: la nube no dejó de existir, no ha muerto, solo se transformó en algo más. Si logramos comprender profundamente esta realidad, no tendremos miedo de perder nuestra nube, lograremos reconocerla en sus nuevas formas. Antoine Lavoisier lo expresó en la famosa ley de la conservación de la materia cuando dijo: «La materia no se crea ni se destruye, solo se transforma».

Una de las cosas que más le aflige a los moribundos es el saber si serán recordados. Esto parece obedecer a la tendencia de querer ser eternos y, en sí, puede ser causa de aflicciones mentales. También el consumismo, la obsesión con el éxito e incluso el desear tener descendencia puede ser, en algunos casos, una manera de buscar inmortalidad. Pero visto desde otra perspectiva, considero que, si uno lleva una vida de ética y amor, es natural que no solo seremos recordados, sino que, al haber dejado una contribución de paz en este mundo, seguiremos vivos en cierta forma.

¿No es verdad que cada vez que se hace una marcha pacífica, Gandhi está presente? ¿Que cuando se pide por los derechos civiles, Martin Luther King Jr. vive? Incluso aquellas personas que participaron en esas luchas, de quienes ni siquiera sabemos sus nombres, siguen viviendo cuando alguien alza su voz por una injusticia. Así que, incluso en el contexto laico, sin hablar de tradiciones espirituales, no debemos de tener miedo a desaparecer ya que, como dijimos anteriormente, nada puede pasar de ser a no ser.

Como menciona Thich Nhat Hanh, al morir, ya no serás nube; pero sí lluvia, granizo o nieve. No dejarás de existir como tal. Te transformarás en algo más y, aquellos que logren reconocerte en tu nueva manifestación, esbozarán una sonrisa en su rostro, dado que seguirás viviendo en sus recuerdos y en el legado de paz que hayas dejado al mundo. No estamos hablando aquí de aferrarnos a ser eternos ni de obsesionarnos con ser recordados, sino más bien, de vivir sin miedo a dejar de existir y enfocarnos en vivir cada día de manera significativa. Lo cual, naturalmente, nos llevará a sentirnos en paz y a dejar un ejemplo positivo en este mundo.

OTROS MIEDOS RELACIONADOS A LA MUERTE

Además de creer que dejamos de existir, ¿qué más puede darnos miedo con relación a la muerte? ¿Es la separación de otros, de nuestros bienes materiales o de nuestro cuerpo? ¿O será el dolor físico y mental que pueden acompañar la partida?

En capítulos anteriores hemos hablado acerca del desapego, de lo que constituye la verdadera felicidad, de si somos o no nuestro cuerpo y de cómo trabajar con el dolor. Estas mismas herramientas podrán ayudarnos a contrarrestar los miedos que surgen alrededor del morir. Esto, claro, no es algo que sucederá de un día para otro, pero estoy convencido de que, con un entendimiento correcto y una aplicación constante, los resultados se volverán cada vez más evidentes.

DEPRESIÓN Y ANSIEDAD

Hoy en día, la depresión y la ansiedad son dos de las aflicciones mentales más comunes y complejas que experimentan los seres humanos. En el caso de la ansiedad, aunque podemos hablar de niveles sanos que están relacionados con el sistema de defensa, en la actualidad, es muy común que se manifieste de manera constante y en medidas que sobrepasan por mucho lo que podría considerarse normal y saludable. Mario Alonzo Puig dice en su libro *Reinventing yourself*: «La fórmula para generar un estado ansioso en el ser humano es realmente simple. Solo tienes que imaginar que en el futuro una serie de problemas aparecerán y que no serás capaz de resolverlos». René Descartes, el famoso filósofo, matemático y físico francés del siglo xvii, por su parte, dijo: «Mi vida ha estado llena de desgracias, muchas de las cuales nunca han sucedido».

Así pues, aunque la ansiedad está relacionada con el mecanismo de protección, ya que nos mantiene en alerta y listos para actuar, cuando proviene más de nuestras proyecciones mentales que de un daño tangible, se vuelve una causa de constantes padecimientos mentales y físicos. Este tipo de ansiedad, como todas las aflicciones mentales, tiene su raíz en la visión autocentrada y se nutre de ideas erróneas acerca de lo que verdaderamente constituye la felicidad y sus causas, de la falta de aceptación de que las cosas, experiencias y relaciones tarde o temprano se acaban y de la capacidad de la mente humana para imaginar y proyectar hacia un futuro distante.

Basta con pensar en un futuro incierto como: «¿De qué voy a vivir cuando sea mayor?» para desencadenar la ansiedad, aunque puedan faltar décadas para que eso suceda, —si es que llegamos a una edad avanzada y si es que tenemos esa dificultad en ese entonces —. Aunque tiene lógica pensar en nuestro futuro y prepararnos para posibles escenarios, otra situación muy diferente es vivir con ansiedad, ya que esto no solo no es de ayuda, sino que empeora las cosas.

Por si fuera poco, la ansiedad ha encontrado tierra fértil en un mundo moderno en el cual las exigencias y competitividad rebasan los límites de la congruencia. Estamos constantemente preocupados por triunfar académica o laboralmente para ascender en el nivel socio económico y el prestigio social. En un mundo donde el dinero, el poder, el prestigio, el reconocimiento y la aceptación son las metas, parece lógico vivir ansiosos.

Podría sonar extraño decir que la depresión también puede ser resultado del egocentrismo, ya que estamos acostumbrados a relacionarlo con actitudes como la arrogancia o la avaricia, pero, en realidad, «egocentrismo» significa «centrarse en uno» y, desde esta perspectiva, no es tan difícil entender cómo algunos tipos de depresión provienen de la visión autocentrada.

Antes de continuar, es importante aclarar que hay tipos de ansiedad y depresión que tienen un origen más biológico que psicológico. Dichos factores biológicos pueden incluir la falta de algún químico en el cerebro (como serotonina o dopamina) incluso desde el nacimiento, o predisposiciones genéticas. Este tipo de trastornos graves no son el objetivo de este libro pues son condiciones que deben de tratarse de manera diferente, pero en el caso de la depresión de origen psicológico podríamos observar que uno se deprime por pensamientos como: «no me valoran», «no me quieren», «no me toman en cuenta», «me hicieron algo», «perdí lo que quería», «no encuentro lo que deseo». Aunque es natural en todas las especies buscar bienestar y alejarnos del daño, estoy convencido de que una persona que tiene este tipo de depresión está demasiado centrada en sí misma y vive con muchas ideas equivocadas acerca de la felicidad y la realidad.

Es importante notar, sin embargo, como mencioné brevemente en el capítulo de las aflicciones mentales que, en ocasiones, una profunda empatía se puede manifestar como tristeza, ya que esta nos lleva a conectar profundamente con la situación de alguien, y, si ese ser está sufriendo, es lógico pensar que al sintonizarnos con su experiencia nos podamos sentir tristes. Pero, en este caso, no se puede considerar como una tristeza aflictiva, ya que surge de la compasión y no del egoísmo.

Se dice que a Gueshe Langri Tangpa, el extraordinario Maestro que compuso *Los ocho versos de entrenamiento mental*, le apodaban «el rostro sombrío». Uno de sus asistentes le dijo una vez que la gente lo llamaba de esa manera y que, por tanto, sería bueno que de vez en cuando sonriera, a lo cual el Maestro contestó: «¿Cómo puedo sonreír cuando pienso en el sufrimiento que hay en el mundo?». Una de las pocas ocasiones en que se rio, fue cuando se encontraba meditando en su cueva y vio cómo un ratoncito estaba tomando granos de arroz de un set de ofrecimientos que estaba en su altar y, de repente, se encontró con una turquesa que trató de llevarse pero que era incapaz de levantar, entonces se fue y, poco tiempo después, regresó con otros cuatro ratones para que le ayudaran; el ratoncito se tendió boca arriba y los demás le pusieron la turquesa encima, él la abrazó en su estómago y, mientras unos lo empujaban, otros tiraban de las patas y así se llevaron la turquesa, pero cuando llegaron al hueco en la pared de donde iban y venían, vieron que la joya era demasiado grande y no cabía por la abertura, así que decidieron dejarla ahí. Todo esto le causó gracia a Gueshe Langri Tangpa.

Esto nos muestra que es muy importante diferenciar entre la tristeza como el resultado natural de conectar con el dolor de alguien y la que proviene de estar demasiado centrados en nosotros mismos. Ninguna de las dos sea quizás agradable, pero hay una enorme diferencia en cuanto a sus causas, naturaleza, actividad y frutos, y solo la última se puede convertir en depresión. Por otro lado, aunque la historia de Gueshe Langri Tangpa es muy hermosa, esto no significa que en todos los casos la compasión nos deba de hacer sentir de esa manera. Su Santidad el Dalai Lama es un ser increíblemente compasivo y se la pasa riendo y jugando bromas. Las personalidades pueden variar, pero lo importante es mantener una actitud bondadosa hacia todos los seres.

Cuando uno se vuelve más compasivo y cultiva una visión correcta de la realidad, el egoísmo disminuye y las expectativas de felicidad en lo externo se diluyen al mismo tiempo que la capacidad de aceptación aumenta, y todo esto da como resultado cada vez menores niveles de estas aflicciones mentales. Por otro lado, la Atención Plena, de la cual hablaremos más adelante, puede ayudar muchísimo para contrarrestar la depresión y la ansiedad, ya que estas están muy vinculadas con no poder soltar el pasado y proyectarnos hacia el futuro y, esta técnica meditativa, dentro de muchos de sus beneficios, nos ayuda a estar más presentes en el aquí y ahora.

TRAUMA Y RESENTIMIENTO

Cuando experimentamos un fuerte daño o un abuso repetitivo, nuestro instinto de protección hace que ese evento se instaure rápidamente en la memoria a largo plazo con tal de no olvidar ese suceso. Si, quien nos dañó no lo hizo intencionalmente, esto puede dejar como secuela un trauma relacionado al evento, pero si percibimos que lo hizo con intención, también habrá un recuerdo intenso relacionado a la persona, que puede llevarnos a sentir resentimiento o despecho hacia ese individuo.

En mi opinión, una de las diferencias entre el enojo y el resentimiento es que el segundo nos dice: «No olvides lo que te hizo». Es una especie de enojo que se alberga en la memoria a largo plazo y, de ahí, que sea tan difícil eliminarlo. Se necesitarán no solo las técnicas tradicionales del desarrollo de la compasión y la paciencia para contrarrestarlo, sino, además, trabajar mucho para que nuestra mente entienda que lo acontecido ya no tiene por qué afectarnos más, que es cosa del pasado, y, así lograr desinstalar ese acontecimiento de la memoria a largo plazo.

En cuanto al cultivo de la paciencia, es muy importante entender que ser paciente no significa en lo más mínimo ser pasivo ante el daño de otros, de la misma manera que la tolerancia no se refiere a tolerar abusos. «Paciencia» o «tolerancia» no quieren decir «no reaccionar», sino más bien «reaccionar sin enojo». Puedes y debes protegerte y poner límites, pero sin permitir que el odio y el deseo de venganza nublen tu mente. Ese es el verdadero significado de «paciencia».

El problema con algunos traumas, es que la mente no solo tiende a recordar constantemente lo sucedido, sino que, en muchas ocasiones, literalmente lo revive. En ese momento, no estamos conscientes de que el acontecimiento es cosa del pasado. Es como si la línea del tiempo en la memoria se hubiera perdido y se fusionaran el pasado y el presente. Además, algo que añade complejidad al asunto es que no solo lo revivimos, sino que, en ocasiones, «recordamos» aspectos del evento que ni siquiera estaban presentes, o exageramos la vivencia. Esto es común en los pacientes que tienen Trastorno de Estrés Post Traumático (TEPT).

El Doctor Nathan H. Lents, profesor de biología molecular en el John Jay College del City University of New York, escribió en un artículo llamado «Trauma, TEPT y distorsión de la memoria» publicado en la revista en línea *Psychology Today*: «En resumen, el TEPT puede ser un mecanismo neurológico adaptativo aunque torpe para entrenar a los individuos a evitar daños muy serios, y la tendencia a 'sobre recordar' el trauma puede ser la manera en la que la naturaleza se asegura que la lección no se olvide con el paso del tiempo». Es decir, es como si al exagerar o «sobre recordar» lo sucedido, tratáramos de asegurarnos de no olvidarlo, lo cual, aunque cumple con la función de protegernos, al mismo tiempo causa muchos conflictos en nuestra mente; de ahí, que el Dr. Lents llama a este sistema «torpe». En este tipo de trastornos, la Atención Plena vuelve a ser de mucha ayuda también, ya que nos permite enfocarnos en el presente, así como desarrollar en nuestra mente virtudes y no aflicciones mentales al recordar algún suceso desagradable.

LECCIONES DEL 19 DE SEPTIEMBRE

Si le preguntamos a alguien que haya vivido en la Ciudad de México por más de cuatro décadas qué estaba haciendo el día jueves 19 de septiembre de 1985 alrededor de las 7:19 horas o, incluso, treinta y dos años después el mismo día a las 13:14 horas, es muy probable que esa persona nos pueda decir exactamente en dónde se encontraba y qué estaba haciendo. Pero les aseguro que sería muy difícil que pudiera decir lo mismo en relación al 19 de septiembre de 1992 o de 2010 a cualquier hora del día. La razón es muy simple: las primeras dos fechas y horas corresponden a los sismos de 8.1 y 7.1 grados en la escala de Richter respectivamente, que devastaron la Ciudad de México y dejaron una indeleble huella en nuestras mentes. Nuestro cerebro guardó ese suceso en la memoria a largo plazo, posiblemente junto con emociones de miedo y desolación, o, quizás, el trauma fue tan fuerte que sucedió lo opuesto y lo bloqueamos.

Yo viví ambos terremotos. En el primero, tenía apenas nueve años y casi no guardo ningún recuerdo de lo acontecido, aunque al día siguiente estuve visitando algunas zonas afectadas como el derrumbe del Hospital Juárez. Esto lo sé porque mi padre me lo contó, pero en lo personal, no tengo recuerdos de nada de esto. Sin embargo, es difícil decir que, en mi caso, la falta de memoria sea por un bloqueo debido a un trauma, ya que en nuestra casa casi no se sintió el terremoto. Lo más probable es que, simplemente, no lo recuerde bien por el hecho de que estaba pequeño y quizá no muy consciente de lo que estaba sucediendo.

El sismo del 19 de septiembre de 2017, sin embargo, fue una experiencia muy diferente para mí. En la mañana había ido a Tlatelolco, uno de los muchos lugares devastados por el terremoto de 1985, justamente, a recordar a las víctimas de la tragedia que había acontecido hacía tres décadas. Contemplé un mural de una muestra del mismo; junto al cual había una cartulina donde se leía: «Este mural es un canto de color a la solidaridad de la sociedad durante los sismos del 85». Quién pensaría que unas horas después viviríamos de nuevo una enorme muestra de solidaridad de la ciudadanía ante una tragedia similar. Al terminar mi visita de Tlatelolco, me fui a casa y llegué unos pocos minutos antes de las 11:00 a.m., horario en el que se llevaría a cabo el simulacro que estaba previsto para ese día. Al escuchar la alarma sísmica, salí tranquilamente del edificio pues consideré importante participar en el simulacro como una muestra de respeto a quienes han perdido la vida en terremotos como el del 85.

Al regresar al departamento, encendí mi computadora y me puse a trabajar. Curiosamente, estaba escribiendo un pequeño artículo relacionado al terremoto del 85 y al del 7 de septiembre de 2017 que azotó a los estados de Chiapas, Oaxaca y Tabasco. Así que, incluso antes del terremoto, yo estaba vibrando fuertemente en esa sintonía. Mientras escribía, comencé a sentir que todo vibraba, como cuando pasa un camión muy pesado por la calle y sientes que el inmueble se cimbra; empezó a subir de intensidad hasta que me di cuenta que estaba temblando. Fue entonces, que sonó la alarma sísmica; dicen que en esta ocasión se activó después, debido a la cercanía del epicentro. Es difícil expresar cómo se sintió; creo que solo aquellos que lo han experimentado pueden entenderlo. Fue, en verdad, muy intenso. Yo, como muchos otros, pensé que el edificio se vendría abajo y, lo vivido en el momento —y en los días posteriores—, causó una fuerte impresión en mi mente. Pero ¿qué podemos hacer con el miedo que se activó en ese momento?

Recuerdo que, a los pocos días, tuve que ir a un centro comercial a arreglar un asunto de mi teléfono celular y, al entrar al lugar, sentí algo de miedo al pensar qué pasaría si temblaba. Al notar mi miedo inicial, traté de no dejarme arrastrar por él, ni negarlo, únicamente intenté escucharlo, ver qué me quería decir, y noté que, en realidad, el miedo quería protegerme. Lo que me estaba diciendo era: «¡Hey! Viviste una experiencia muy fuerte que podría repetirse, debes estar alerta y cuidarte». Simplemente, hice lo que el miedo me pidió: pensé qué haría si temblaba y, una vez que gané cierta seguridad de qué sería lo más sensato por hacer, continué con mis labores. Literalmente olvidé la cuestión del terremoto, y el miedo desapareció.

Lo que muestra esta experiencia es la importancia de escuchar al miedo y ver que, si tiene algo valioso que decirnos, hacerle caso es de mucho sentido. Pero si ya tomamos medidas de precaución o su «consejo» no es muy realista, darle las gracias y no prestarle mucha atención, es lo mejor. En este caso, es natural, por lo recientemente acontecido, que el mecanismo de protección me quisiera alertar de un posible riesgo de otro temblor. Puedo tomarlo como un noble gesto de su parte; sin embargo, es fundamental regular el miedo pues, aunque como mecanismo de supervivencia llega a ser un buen aliado, en ocasiones puede ser un tanto paranoico. La realidad es que, para entonces, el riesgo de un temblor de una intensidad considerable, era la misma que cualquier otro día del año, pero el instinto de protección no lo valoraba así. Recordemos que el miedo no piensa ni se basa en la lógica, por ello debemos de equilibrarlo a través de la reflexión.

Así pues, el tener miedo no es algo malo, sobre todo después de un suceso trágico como este. Sentir temor de un terremoto cuando entramos a un lugar al mes de haber experimentado un sismo de tal magnitud es normal; seguir teniendo miedo dos años después puede que no sea tan sano.

Hay una diferencia entre el estrés post traumático y el trastorno de estrés post traumático. El primero es el resultado natural de una tragedia y, después de un tiempo razonable, desaparece; el segundo es el fruto de la incapacidad de lidiar con nuestras emociones y puede perdurar por el resto de nuestra vida si no lo trabajamos internamente.

Por otro lado, aunque no siempre es fácil, es posible derivar un aprendizaje y crecer a partir de la tragedia. El sentirnos vulnerables y experimentar lo efímera que es la vida, no es necesariamente algo negativo. Sobre la base de esto, podemos desarrollar un sentido de apreciación por cada momento en que estamos vivos, decidirnos a ser mejores día a día, a dejar a un lado resentimientos, a perdonar y pedir perdón y valorar más a otros.

Al recordar un terremoto, podríamos hacer consciencia de que este podría ser nuestro último día y, gracias a ello, tomar la determinación de no desperdiciar esta maravillosa oportunidad para crecer y ayudar a los demás. Así que, si lo hacemos de la manera adecuada, recordar la fragilidad de nuestra existencia, puede ser un extraordinario catalizador para valorar, e incluso, disfrutar más de la vida.

LA ATENCIÓN PLENA

La Atención Plena, conocida también como Mindfulness, incluso en países de habla hispana, forma parte de las técnicas contemplativas que se han utilizado en Asia por miles de años. El propio Buda las aprendió de sus Maestros, así que su origen es anterior a él. Su mérito no radica en haber creado las técnicas que permiten el desarrollo de la atención, sino en la forma en que utilizó y enseñó esas herramientas para comprender la realidad de manera directa para eliminar así, la ignorancia, la malinterpretación de la realidad que da origen al egocentrismo y, por tanto, a las aflicciones mentales que son las causas del sufrimiento.

En el budismo existen prácticas meditativas que tienen como propósito principal desarrollar el poder de la concentración unipuntual para, después, unirlo al análisis y, así, lograr comprender la realidad interdependiente de forma directa. Al hacerlo, podremos liberarnos de la falsa noción que nos hace sentir aislados, fragmentados de otros y del mundo.

Esta concepción errónea que identifica un «yo» independiente es, para esta filosofía, la causa del egoísmo y, por tanto, del sufrimiento, de ahí la importancia de erradicar esa malinterpretación.

En pali y en sánscrito «meditación» se dice *bhavana* que se podría traducir como «cultivar». Así como cultivamos el campo para obtener frutos, debemos cultivar nuestra mente si deseamos obtener paz interior; de otra manera, sería como esperar frutos sin sembrar una semilla. Comenzamos con estudiar los aspectos positivos de la mente como la paciencia, la bondad y la generosidad y, tras una repetida reflexión y aplicación, poco a poco estas se van convirtiendo en un hábito, en una manera de ser. Como habíamos mencionado anteriormente, el término en tibetano para la palabra meditación es *gom* que quiere decir «familiarizarse» o «acostumbrarse», así que «meditar» se refiere a cultivar aspectos positivos de la mente y la conducta a través de la familiarización.

Para meditar, no requerimos necesariamente una postura en particular, una vestimenta, una hora del día ni un lugar específico, lo único que necesitamos es cultivar acciones positivas de cuerpo, palabra y mente, y esto lo podemos hacer prácticamente en todo lugar y momento. Claro que hay ciertos ejercicios de meditación para los cuales es de mucho beneficio adquirir una postura y tener un lugar para hacerlo, pero en general, meditar es algo mucho más amplio que eso.

La meditación se refiere, entonces, a una amplia gama de prácticas que nos permiten desarrollar aspectos más sanos en nuestra conducta. La atención forma parte integral de este proceso, ya que, sin ella, no podemos lograr un cambio significativo; es por dicha razón que en esta tradición se pone tanto énfasis en el entrenamiento de la atención que conocemos actualmente como Atención Plena.

En la psicología occidental (con excepción de algunas aportaciones como la de William James, filósofo y psicólogo estadounidense de finales del siglo xix y principios del siglo xx) nunca se desarrolló ni se vio la importancia de un entrenamiento en la atención propiamente dicha; fue hasta los años sesentas y setentas que estas técnicas comenzaron a llegar a occidente a través de personas que enseñaban yoga y meditación budista principalmente. Digamos que occidente tuvo que importar de Asia un método que no habíamos desarrollado. Hoy en día, la incorporación de la Atención Plena está presente no solo en la psicología y programas de reducción de estrés, sino también en el deporte, en las empresas, en las prisiones, etc. Claro que los deportistas, corredores de bolsa y muchas otras personas, desarrollan atención debido a sus actividades e incluso, directa o indirectamente, tienen un entrenamiento en esta y, algunos pueden llegar a lograr una muy buena capacidad de atención, pero la Atención Plena no se trata solo de poder concentrarnos «en algo» sino de tener el poder de enfocarnos en las causas del bienestar interno.

Meditar es enfocarse y acostumbrarse a las causas de la paz interior, no a elementos aflictivos, de manera compulsiva, controlados por la ignorancia. Así que no creo que al simple hecho de que alguien pueda estar plenamente atento en algo se le deba llamar Atención Plena, ya que esta específicamente se refiere a colocar la atención de una manera que nos permita comprender la realidad y así subyugar y, eventualmente, eliminar las aflicciones mentales.

En el libro *Sabiduría emocional, una conversación entre S.S. el Dalai Lama y Paul Ekman*, el Dalai Lama menciona: «El término sánscrito es *sati* y el término tibetano es *drenpa*, que literalmente significan 'recuerdo', 'recolección'. La Atención Plena consiste en aplicar al presente la conciencia de las cosas que uno ha aprendido». Así que, podemos decir que practicar Mindfulness, se refiere a conocer qué acciones físicas, verbales y mentales generan sufrimiento y cuáles generan bienestar, para luego aplicar ese entendimiento en el momento presente.

Uno de los grandes beneficios de la Atención Plena es que nos permite estar presentes en el aquí y ahora en un estado más puro de consciencia, lo que se convierte en un excelente remedio para las aflicciones mentales como la depresión y la ansiedad que, como vimos en un capítulo anterior, surgen en gran medida por mantener constantemente pensamientos relacionados al pasado y al futuro. En su libro *No death, no fear*, Thich Nhat Hanh menciona: «La práctica de Mindfulness es la práctica de regresar al aquí y ahora para estar en contacto profundamente con nosotros, con la vida. Debemos entrenarnos para hacer esto».

La técnica para desarrollar atención, aunque muy simple, no necesariamente es fácil de llevar a cabo en un inicio, pero es importante que tomemos en cuenta que la dificultad radica solo en la falta de práctica y, por tanto, cualquier persona que la aplique correcta y constantemente podrá, sin duda, desarrollarla y beneficiarse en gran medida de esta habilidad. Para volvernos diestros en algo, requerimos una buena técnica y constancia, y esta no es la excepción.

A la técnica específica para desarrollar atención se le conoce como *shamatha* en sánscrito o como *shine,* su equivalente en tibetano. *Shi* significa «paz» o «calma»; y *ne* significa «permanecer» o «morar». De ahí, que se puede traducir como «morar en calma», refiriéndose a calmar toda distracción en objetos externos al morar en uno interno, tal como la sensación de la respiración. *Shamatha* o *shine* puede referirse a la técnica o al logro de la total concentración obtenido gracias al entrenamiento. Esta técnica consiste en intentar permanecer concentrados en un objeto, como la sensación de la respiración, sin que la mente se disperse hacia afuera (llevándonos a la distracción) o hacia adentro (produciendo somnolencia). En los textos clásicos, se utilizan términos técnicos como «agitación» y «hundimiento», mismos que contienen aspectos burdos y sutiles. Pero sin entrar en detalles, podemos decir que de lo que se trata es de mantener la estabilidad y la claridad en el objeto de meditación. El Buda explicó que esto se logra al ir ajustando la concentración de tal manera que no esté ni tan tensa ni tan floja como cuando afinamos un instrumento de cuerda: si tensamos demasiado las cuerdas, las notas no serán armoniosas, pero si aflojamos de más, estas no producirán sonido. Así mismo, nosotros debemos de saber qué tanto apretar o soltar la concentración para encontrar el punto adecuado.

Creo que es muy importante tomar en cuenta que, aunque hay muchos otros tipos de meditación que involucran reflexionar, visualizar, experimentar diversas sensaciones…, en esta meditación en particular, de lo que se trata es de enfocar la mente de forma unipuntual en un objeto, sin diálogo mental y sin dejarnos llevar por diferentes sensaciones e imágenes. De otra manera, será muy difícil lograr una verdadera atención, sin la cual no podremos controlar nuestra mente. Lo único que debemos hacer, entonces, es concentrarnos en la sensación de la respiración. Si nos dejamos ir en otras sensaciones, pensamientos, visiones o experiencias, sean del tipo que sean, habremos perdido nuestro objeto de meditación y, por tanto, la posibilidad de desarrollar atención. Seremos como un changuito que no deja de brincar de un árbol a otro y, aunque los árboles en los que salte, a veces sean más bellos, finalmente sigue brincando sin encontrar reposo. *Shamatha* nos permite apaciguar al chango de la mente.

Para hacer el ejercicio, podemos comenzar por sentarnos en una postura cómoda, ya sea en el piso sobre algún tapete, en un cojín un poco alto y firme con nuestras piernas cruzadas, o en una silla, en este caso, es conveniente poner las piernas paralelas con los pies correctamente colocados sobre el piso. De cualquier forma, es importante tratar de tener la espalda lo más derecha posible; para eso, podemos meter ligeramente la barbilla para alinear todas las vértebras de nuestra columna. Colocamos la mano derecha sobre la izquierda con las palmas hacia arriba, los pulgares tocándose, descansando las manos sobre nuestro regazo, o podemos colocarlas sobre nuestros muslos o rodillas, si es más confortable para nosotros. Intentamos que los hombros estén relajados y alineados, dejando espacio entre los brazos y el tórax. Colocamos la punta de la lengua en el paladar. Por último, dejamos los ojos abiertos de manera natural, descansando nuestra vista a unos cuarenta y cinco grados a un metro de distancia más o menos, sin enfocar nada en particular. En la escuela Soto del Zen, uno medita volteado hacia una pared con un tono neutro; esto puede ayudar.

Una vez adoptada la postura, respiramos tres veces profundamente, inhalando y exhalando por la nariz, mientras dejamos ir toda tensión física y mentalmente nos decimos que no pondremos atención en nada más que en la sensación de la respiración. Al comenzar el ejercicio, podemos hacer las exhalaciones más largas para que, de manera natural, nuestras inhalaciones sean más profundas también, pero después de unas pocas rondas simplemente dejamos que nuestra respiración tome un flujo natural, sin necesidad de querer controlarla. Una vez establecido un ritmo más sereno, únicamente observemos la sensación de entrada y salida de aire por nuestras fosas nasales. Hay que tener cuidado de no tensar demasiado la concentración ni tratar de controlar en exceso la respiración; recordemos que este no es un ejercicio de respiración sino de observar la sensación de esta en una zona de nuestro cuerpo como las fosas nasales.

Si un pensamiento o sensación surge en nuestra mente, debemos dejarlo pasar sin prestarle atención. No se trata de poner la mente en blanco, como algunos piensan, o de detener los pensamientos, sino simplemente de dejarlos pasar sin que nos afecten. Con entre cinco y diez minutos al día de meditación sentados, será suficiente al principio. Puede llevarse a cabo en la mañana, en la tarde o en la noche, cuando nos sintamos más despiertos es mejor, aunque debemos tener cuidado de no meditar ya muy tarde, pues podemos crear dificultades para dormir ya que estos ejercicios, llevados a cabo correctamente, despiertan la mente.

Durante nuestras labores diarias, habremos de intentar mantener ese mismo estado de atención consciente; al cocinar, lavar los trates, barrer, caminar o durante cualquier otra actividad hemos de permanecer atentos en el aquí y ahora. Así, poco a poco, la habilidad de la atención se irá desarrollando y los beneficios comenzarán a ser evidentes.

Este tipo de meditación es excelente para regular nuestras emociones, incluido el miedo. Cuando experimentamos un episodio de pánico, estrés o ansiedad, en muchas ocasiones lo que tratamos de hacer es pensar en algo que nos ayude a sentirnos mejor, pero, aunque es cierto que reflexionar es parte de los antídotos contra las aflicciones mentales, en el momento en que estamos controlados por una de ellas, es muy difícil hacerlo.

Por experiencia, sabemos que lo peor que alguien nos puede decir cuando estamos enojados es: «no te enojes», así que, primero debemos de tranquilizarnos para después, reflexionar. De otra manera, sería como querer llenar un recipiente lleno de esferas rojas con esferas azules sin antes haberlo vaciado. A través de esta práctica, primero «vaciamos» nuestra mente de la aflicción mental y, ya que está en un estado más ecuánime, podemos «llenarla» con su antídoto correspondiente. Por ejemplo, cuando nos enojemos, primero debemos tratar de tranquilizarnos a través de observar la respiración y, ya que la mente se encuentre en un estado más equilibrado, podemos cultivar paciencia con base en la reflexión. Así, al comenzar a sentir enojo, miedo, depresión u otra aflicción mental, lo mejor que podemos hacer es respirar tres veces profundamente y, entonces, observar nuestra respiración.

Si se nos dificulta, podemos contar «uno» con la primera inhalación y exhalación; con el siguiente ciclo, «dos», hasta llegar a «diez»; y, si no nos hemos tranquilizado, del diez al uno haciendo varias rondas si es necesario. Una de las particularidades de la mente es que no puede enfocarse en dos cosas a la vez; podrá alternar muy rápido, pero realmente no puede tener dos objetos de atención al mismo tiempo. Por eso, si aprendemos a enfocarnos en la respiración cuando una aflicción mental se presente, le daremos oportunidad de que pase sin que imprima una huella en nosotros, como un ave que surca el cielo sin dejar rastro en él.

Al enfocarnos en la respiración, no nos engancharemos con el pensamiento o la emoción que surja, no la seguiremos ni lucharemos contra ella, permitiremos que aparezca, permanezca y cese sin que nos afecte, como una ola que emerge en el océano y regresa a él.

Otra razón por la cual la Atención Plena es de mucho beneficio, es debido a que el primer paso para la transformación es darnos cuenta de nuestros estados mentales y, esta, nos permite estar conscientes de que estamos molestos cuando estamos molestos, de que tenemos envidia cuando tenemos envidia, de que tenemos miedo cuando tenemos miedo, etc. Sin esto, aunque poseamos un gran conocimiento en psicología, difícilmente cambiaremos; sería como tener conocimiento de medicina, pero no darnos cuenta que estamos enfermos.

El Mindfulness abarca tanto el darse cuenta de nuestros estados mentales aflictivos y las acciones físicas y verbales inapropiadas para desengancharnos de ellos, como el recordar nuestro entendimiento de las virtudes y traerlas al presente para cultivar, así, valores de manera consciente en el aquí y ahora.

La Atención Plena puede tener diferentes objetos de meditación y formas de llevarse a cabo, pero hay una en particular que vale la pena conocer. A esta le podemos llamar «Atención Plena en la compasión». De lo que se trata, básicamente, es de estar conscientes de nuestras actividades, pero unidas al valor de la compasión. Para lograr esto, es de mucha ayuda contar con una mente imaginativa, y el beneficio es que no solo terminamos desarrollando atención, sino, además, una mente compasiva.

Por ejemplo, normalmente la Atención Plena nos invita a estar conscientes de que estamos barriendo mientras lo hacemos; esto nos lleva a permanecer en el aquí y ahora y a evitar que la mente divague y posiblemente termine desarrollando aflicciones mentales. Pero en el caso de la Atención Plena en la compasión, no solamente estaríamos conscientes de que barremos cuando llevamos a cabo esa actividad, sino que podríamos imaginar que el polvo y demás suciedad son el sufrimiento de todos los seres y nosotros lo estamos barriendo de sus vidas. Aquí sería posible añadir más detalles en cuanto a los distintos significados que quisiéramos atribuir a otros elementos, como que las cerdas de la escoba representen la sabiduría y el mango representa la compasión, y demás. Podemos llevar a cabo este ejercicio con cualquier actividad cotidiana y transformarla, así, en una causa más para el desarrollo interior; esto es algo muy elevado.

CONCLUSIÓN

Hay muchos y diferentes tipos de miedos: algunos de ellos nos protegen y nos ayudan en nuestro crecimiento espiritual y otros, que hemos llamado «aflictivos», nos afectan de varias maneras y surgen siempre de una malinterpretación de la realidad, ya sea a un nivel más burdo o más sutil. Nuestra labor consiste, entonces, en identificar primero si nuestro miedo es aflictivo o no. Si es aflictivo, hemos de analizar en dónde está nuestra malinterpretación para dar con el origen y combatirlo.

Me permití elaborar un diseño que nos facilitará el proceso: Imaginemos estos cuadros como si fueran cajas donde vamos a tratar de colocar nuestro miedo cuando lo experimentemos; así será más sencillo para nuestra mente identificar qué tipo de miedo es y su origen. Por ejemplo, podemos comenzar analizando si nuestro miedo es un mecanismo de protección o si es, en realidad, aflictivo. De ser aflictivo, pensemos cuál podrá ser la malinterpretación: ¿es de una realidad más burda como ver a una inofensiva culebra como un depredador o a un nivel más sutil como una expectativa falsa de felicidad, no aceptar la realidad cambiante, o una visión autocentrada? Cabe mencionar que estas tres están muy vinculadas y, de hecho, tienen el mismo origen, el cual es una malinterpretación de la realidad interdependiente; sin embargo, se mencionan por separado para facilitar el proceso de análisis. Una vez «colocado» nuestro miedo en la caja correcta, será más sencillo identificarlo y, por tanto, trabajar con él.

Es normal que pueda haber miedos que son producto de diversos factores, y así, tener una experiencia conformada por varios temores. Por ejemplo, tener miedo a salir en la noche puede ser parte de un instinto de protección hasta cierto nivel, pero también podría haber un grado de proyección errónea de la realidad si el temor surge por la mera posibilidad de que nos suceda algo. El miedo a quedarnos solos en la vejez podría ser, en parte, un temor basado en un instinto de supervivencia, pues podríamos decir que se basa en la preocupación razonable de que alguien vea por nosotros y nos cuide para que así logremos sobrevivir, pero si lo analizamos más profundamente, es probable que nuestro temor esté fundamentado más en una proyección falsa que en una posibilidad real de que absolutamente nadie vea por nosotros. En el caso de muchos, hay más probabilidades de que ellos mismos no quieran ser cuidados por otros en la vejez a que realmente nadie los ayude. Así pues, en ocasiones, no será tan sencillo saber de dónde proviene algún miedo, pero, con el tiempo, podremos volvernos más hábiles en reconocer su fuente principal.

Escuchemos atentamente a nuestros miedos, observemos sus causas más profundas, permitamos que nos ayuden a conocernos mejor, a crecer y a tener mejores herramientas para estar en paz y ayudar a otros.

Una persona valiente no es aquella que no siente miedo sino quien, aun sintiéndolo, se atreve a hacer las cosas.

En muchas ocasiones, vamos a sentir miedo, pero debemos enfrentarlo y no permitirle que nos detenga. No es el miedo quien debe decidir si debemos de hacer algo o no. Hay que analizar y ver si, lo que queremos hacer, es apropiado, si es de beneficio y, si es así, aunque sintamos miedo, tenemos que salir de nuestra zona de confort y atrevernos, porque de otra manera nos vamos a quedar ahí para siempre.

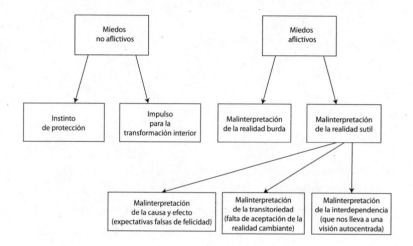

REFERENCIAS

Asanga citado por Ñam-me Tsong-kha-pa Chen-po (1999). *Yang-chub lam-rim che-wa shug-so*, India: Library of Ganden Shartse Monastic College.

Buda (1985). *Dhammapada*, Estados Unidos: Dharma Publishing.

Buda citado por Ñam-me Tsong-kha-pa Chen-po (1999). *Yang-chub lam-rim che-wa shug-so*, India: Library of Ganden Shartse Monastic College.

Gardner, D. (2008). *The science of fear, how the culture of fear manipulates your brain*, Estados Unidos: Dutton, Penguin Group Inc.

Glassner, B. (2010). *The culture of fear, why Americans are afraid of the wrong things*, Estados Unidos: Basic Books, Perseus Books Group.

Glassner, B. (2004). *Narrative Techniques of Fear Mongering, The Johns Hopkins University Press.* 71(4), 819-826.

Gore, A. (2017). *The assault on reason, our information ecosystem, from the age of print to the age of Trump*, Estados Unidos: Editorial Bloomsbury.

Hanson, R. (2013). *Cultiva la felicidad, aprende a remodelar tu cerebro... y tu vida*, España: Editorial Sirio, S.A.

Harari, Y. N. (2019). *De animales a dioses, Breve historia de la humanidad,* México: Penguin Random House.

Lents, N. (2016). Trauma, PTSD, and Memory Distortion, Evolution may be partly to blame. *Psychology Today.* Recuperado de: https://www.psychologytoday.com/us/blog/beastly-behavior/201605/trauma-ptsd-and-memory-distortion

Lucas, G. (productor y director) (1999). *Star Wars: Episodio I, La amenaza fantasma* [versión cinematográfica]. Estados Unidos: 20th Century Fox/ Lucasfilm Ltd.

Miedo (2020). *Diccionario de la lengua española* [versión electrónica], España: Real Academia Española. https://dle.rae.es

Milarepa citado por *Kyabje Pabongka Dechen* Ñingpo (2003). *Lam-rim nam-drol lag-yang,* India: Sermey Library, Sera Monastic University.

Nhat Hanh, T. *(2002). No death, no fear, Comforting wisdom for life,* Estados Unidos: Riverhead Books, Penguin Random House.

Pinker, S. (2012). *Los ángeles que llevamos dentro, el declive de la violencia y sus implicaciones,* España: Paidós.

Puig, M. A. (2011). *Reinventing yourself, overcome your anxiety and fear when faced with life´s problems and challenges,* Reino Unido: Marshall Cavendish Editions.

Shantideva (1985). *Yang-chub sem-pai cho-pa la yug-pa. Sde-dge Bstan-´gyur (Dbu ma'i skor),* India: Karmapae Chodhey, Gyalwae Sungrab Partun Khang.

S.S. el Dalai Lama y Ekman, P. (2013). *Sabiduría emocional, una conversación entre S.S. el Dalai Lama y Paul Ekman,* España: Kairós, S.A.

U.S. Food and Drug Administration, Official Website: fda.gov